DIESTERWEGS
NEUSPRACHLICHE
BIBLIOTHEK

ALBERT CAMUS

L'Etranger

Roman

Texte integral

Nouvell Edition
présentée et annotée
par
Franz-Rudolf Weller

DIESTERWEG

Druck A⁴ / Jahr 2008
Alle Drucke der Serie A sind im Unterricht parallel verwendbar.

Umschlagmotiv: MEV/Harald Langenfeld; defd-pwe Verlag GmbH, Hamburg
Umschlagkonzeption: Blum-Design und Kommunikation, Hamburg
Herstellung und Umschlagrealisation: Harald Thumser, Frankfurt am Main
Satz: Publishing-Service H. Schulz, Dreieich
Druck und Bindung: westermann druck GmbH, Braunschweig

ISBN 978-3-425-**04196**-4

PHOTO D'IDENTÉ DE CAMUS SUR SA CARTE DE JOURNALISTE. (1942)

LISTE DES ABREVIATIONS

abstr.	abstrait	abstrakt
adv.	adverbe	Adverb
arg.	argot	Argot (Jargon bestimmter sozialer Gruppen/Schichten)
cf.	confer	vergleiche
écon.	économie	Wirtschaft
f.	féminin (adj., subst.)	weiblich, Femininum
fam.	familier	umgangssprachlich
fig.	figuré	bildlich (sens figuré: übertragene Bedeutung)
inv.	invariable	unveränderlich
iron.	ironique	ironisch
jur.	juridique	juristisch, gerichtlich
litt.	littéraire	literarisch
loc. adv.	locution adverbiale	adverbialer Ausdruck
m.	masculin (adj., subst.)	männlich, Maskulinum
mar.	maritime	zur See/Schifffahrt gehörig
méd.	médecine	Medizin
mil.	militaire	Militär
néol.	néologisme	Neologismus, neugebildetes Wort
p. ex.	par exemple	zum Beispiel
par ext.	par extension	im weiteren Sinne
par méton.	par métonymie	durch Metonymie (Bedeutungsübertragung, Begriffstausch)
péj.	péjoratif	pejorativ (abwertend)
pl.	pluriel	Plural
pop.	populaire	populär, allgemeinverständlich
qc	quelque chose	etwas
qn	quelqu'un	jemand
rel.	religieux	zur Religion gehörig
sout.	soutenu	gehoben, gewählt (Stil)
syn.	synonyme (adj., subst.)	synonym, sinnverwandtes Wort
v.	voir	siehe
vulg.	vulgaire	vulgär, ordinär

TABLE DES MATIERES

PRESENTATION

De tout temps, les tribunaux ont exercé sur les artistes une fascination irrésistible. Nombreux sont les films qui montrent quel écart sépare le monde de l'accusé et le monde de la justice. Surtout dans le roman contemporain les exemples abondent: il suffira de rappeler, dans la littérature allemande, *Le Procès* de Kafka. C'est dans un même état d'esprit que fut écrit un bref récit qui connut un grand succès et imposa le nom d'un jeune écrivain jusqu'alors inconnu: *L'Etranger* d'Albert Camus. L'auteur avait à peine trente ans.

En mai 1940, peu avant l'offensive allemande, le manuscrit est terminé. Camus vit à Paris, à l'hôtel, et travaille au journal *Paris-Soir,* comme secrétaire de rédaction. Plus qu'un succès immédiat (de librairie), ce bref roman de 1942 devient un grand succès littéraire, l'un des romans les plus lus, même aujourd'hui, plus de cinquante ans après.

Pour beaucoup de jeunes, *L'Etranger* est un livre culte, et le triomphe de Camus, à vrai dire, doit beaucoup à la place qu'il occupe au lycée. Depuis la mort de Camus, en 1960, ce petit livre si éloigné en apparence du canon littéraire scolaire est le «classique» numéro 1 des salles de classe.

L'expérience que Camus fit au cours de son adolescence semble avoir influencé toute son œuvre: «J'ai grandi, avec tous les hommes de mon âge, aux tambours de la première guerre, et notre histoire, depuis, n'a cessé d'être meurtre, injustice ou violence», écrit-il en 1954.[1] Camus est un Méditerranéen, un Français d'Algérie. Né le 7 novembre 1913, dans le village algérien de Mondovi, ayant vécu en Algérie jusqu'à l'âge de 27 ans, il est resté lié à ce pays par tous ses souvenirs d'enfance et de jeunesse, ses amitiés, sa vie familiale, ses activités politiques. Aussi l'Algérie est-elle le grand thème que l'on retrouve dans toute son œuvre.

Ce monde lumineux et pauvre de l'Afrique du Nord lui fournit le cadre de *L'Etranger,* son premier roman, qui devait exercer une influence considérable sur les romanciers de la nouvelle génération française. Citons, à titre d'exemple, Alain Robbe-Grillet qui qualifie son engouement ainsi: «... cet *Etranger* dont je reste à peu près certain qu'il a si fortement marqué mon entrée en littérature. Ce n'est pas de très bon ton, dans les

une adolescence période de la vie entre l'enfance et l'âge adulte **le tambour** bruit, son des tambours (de la mobilisation) **lumineux, euse** clair et éclatant **un engouement** admiration, enthousiasme

[1] «L'Enigme.» in: *L'Eté.* ESSAIS. Bibl. de la Pléiade. Paris: Gallimard 1965:865.

milieux intellectuels à la page, de reconnaître ainsi le poids du premier roman de Camus sur toute une génération, et même bien au-delà.»[2]

Dans son roman *La Peste* (1947), le narrateur, au cours d'une discussion qu'il a dans la rue, cite un fait divers qui provoque à Alger un certain émoi: un jeune employé de commerce tue un Arabe sur la plage. C'est ce fait divers qui a inspiré à Camus l'histoire de *L'Etranger*, histoire d'un homme condamné à mort qui a entrepris, pendant les quelques jours qui lui restent à vivre, de retracer, sous forme de journal, un inéluctable enchaînement de faits. Une bagarre absurde éclate, un dimanche, sur une plage. Meursault, le narrateur, aveuglé par la lumière, tue un Arabe. Tel est l'événement brutal qui ruine le cours paisible de la vie modeste de l'employé de bureau, à Alger. C'est la présence constante du soleil sur les plages d'Algérie qui fait du passif, banal et inoffensif Meursault un meurtrier. Le soleil est un thème obsessionnel qui surgit constamment dans l'œuvre de Camus, soit qu'il le glorifie, avec la mer et le vent, comme une des grandes sources de lumière et de vie dont est faite la nature, soit qu'il en fasse, comme dans *L'Etranger*, une puissance maléfique qui affole et perd l'être humain.

Le récit pouvait s'arrêter là, mais il continue: Comment la société voit-elle ce criminel? Il y a donc deux parties distinctes: les rapports entre Meursault et la société avant et après le crime.

L'Etranger est une œuvre tout à fait nouvelle, du point de vue du fond comme de la forme. Il rompt avec le roman traditionnel par de multiples aspects, notamment par son style volontairement neutre et (en partie) relâché. Meursault est l'archétype de l'anti-héros, un contre-modèle du héros de roman traditionnel. Presque tous les critiques ont été frappés par la grande originalité de son style qui bouleverse nos habitudes de lecteur. A première vue, rien de plus nu, de plus froid que ce récit impersonnel écrit cependant à la première personne, avec l'emploi systématique du passé composé. On perçoit pourtant à la lecture, et pour peu que l'on approfondisse l'ouvrage, une vibration personnelle de l'auteur. Sous cette apparente indifférence et simplicité se cachent une intention précise et un engagement passionné.

Ce qui a surtout assuré le succès et la durée du roman, même cinquante ans après, c'est l'importance du lecteur: Après la perspective

inéluctable *(sout.)* inévitable **la bagarre** action de se battre **inoffensif, ive** qui ne fait de mal à personne **surgir** apparaître, se montrer **maléfique** unheilvoll **affoler** effrayer, terrifier **(style) relâché** nachlässig **nu, nue** sobre (karg, nüchtern)

[2] *Le Miroir qui revient.* Paris: Ed. de Minuit 1984:166.

dominante des auteurs, après celle du texte et de ses structures, *L'Etranger* renverse cette tendance en soulignant l'activité concrète de la lecture, l'aventure intersubjective du lecteur. En effet, Camus nous apprend à nous défaire des habitudes traditionnelles de lecture et nous apprend à lire autrement. L'art de Camus est d'obliger le lecteur à relire (la première partie du roman) ce que l'auteur a noté lui-même dans ses *Carnets:* «Le sens du livre tient exactement dans le parallélisme des deux parties.»[3]

Selon le mot de Sartre, *L'Etranger* «est un de ces terribles innocents qui font le scandale d'une société parce qu'ils n'acceptent pas les règles de son jeu. Il vit parmi les étrangers. Mais pour eux aussi il est un étranger.»[4] En ce sens, *L'Etranger* reflète l'évolution intérieure de Camus chez qui, en effet, la révolte est tout d'abord la réaction instinctive d'un jeune homme pauvre, menacé dès l'âge de quinze ans par la maladie. Meursault nous rappelle un Camus encore jeune, au moment où il eut la révélation de cet état de révolte, né d'un pessimisme presque total, et illustre, en quelque sorte, les thèses du *Mythe de Sisyphe* (1942), qui pose pour la première fois en termes clairs le thème de l'absurde.

Camus choisit pour cadre de son roman le milieu petit-bourgeois du XXe siècle, dans le faubourg d'une grande ville. Certes, pour lui, l'absurdité ne se limite pas à ce décor social; elle est inhérente à la nature humaine. Les rapports entre l'homme et l'univers ont un caractère absurde. Le non-sens naît, selon Camus, «de cette confrontation entre l'appel humain et le silence déraisonnable du monde»[5]. Une telle prise de conscience incite l'homme à la révolte. L'Absurde n'est que le point de départ, le «point zéro» de la pensée. En 1938, analysant *La Nausée* de Sartre, Camus déclarait que «constater l'absurdité de la vie ne peut être une fin, mais seulement un commencement»[6]. En 1939, à la suite de la publication d'une nouvelle œuvre de Sartre, *Le Mur,* Camus déclare qu'il ne pourra faire sienne une vision systématiquement pessimiste du monde.[7] Parti de l'Absurde contre lequel l'homme, dans un deuxième stade, se révolte, Camus pensait aboutir à un troisième stade, où l'homme qui s'est découvert se réconcilie avec le monde. Tel est en gros le sens de sa recherche, la

se défaire de qch s'en séparer **le faubourg** quartier périphérique (d'une grande ville); banlieue **inciter qn à qch** le pousser à

[3] *Carnets* 1942–1951. Paris: Gallimard 1964:30.
[4] «Explication de *L'Etranger.*» in: *Situations I.* Paris. Gallimard 1947:104.
[5] *Le Mythe de Sisyphe. Essais.* Bibliothèque de la Pléiade. Paris. Gallimard 1965:117s.
[6] «‹La Nausée› de Jean-Paul Sartre.» *Essais.* Bibliothèque de la Pléiade. Paris: Gallimard 1965:1419.
[7] «‹Le Mur› de Jean-Paul Sartre.» *Essais.* Bibliothèque de la Pléiade. Paris: Gallimard 1965:1419-1422.

genèse de l'évolution de sa pensée. Mais cette évolution s'est trouvée prématurément et brutalement interrompue, en 1960, par l'accident d'auto qui lui coûta la vie.

Ce qui donne à *L'Etranger* une place exceptionnelle dans la littérature, c'est que son auteur a su exprimer une sensibilité très moderne sous une forme éminemment classique.

L'Etranger a été adapté pour le cinéma en 1967 par Luchino Visconti et mis en scène au théâtre à plusieurs reprises. Deux enregistrements de lectures du roman ont été réalisés: l'une faite par Camus lui-même et l'autre par Michaël Lonsdale, en 1986.

Certes, aujourd'hui on ne lira plus *L'Etranger* avec les yeux de Camus ni des premiers lecteurs du roman: Les événements sociopolitiques de son contexte immédiat (la guerre d'Algérie, l'abolition de la peine de mort, la décolonisation des pays nord-africains etc.) sont entrés dans l'Histoire. D'autre part, par la réception et la diffusion de l'ouvrage, *L'Etranger* garde son pouvoir singulier de fascination, il continue à conquérir les générations en France et dans le monde entier.

une abolition suppression (Abschaffung)

PREMIERE PARTIE

I

Aujourd'hui, maman est morte. Ou peut-être hier, je ne sais pas. J'ai reçu un télégramme de l'asile: «Mère décédée. Enterrement demain. Sentiments distingués.» Cela ne veut rien dire. C'était peut-être hier.

L'asile de vieillards est à Marengo, à quatre-vingts kilomètres d'Alger. Je prendrai l'autobus à deux heures et j'arriverai dans l'après-midi. Ainsi, je pourrai veiller et je rentrerai demain soir. J'ai demandé deux jours de congé à mon patron et il ne pouvait pas me les refuser avec une excuse pareille. Mais il n'avait pas l'air content. Je lui ai même dit: «Ce n'est pas de ma faute.» Il n'a pas répondu. J'ai pensé alors que je n'aurais pas dû lui dire cela. En somme, je n'avais pas à m'excuser. C'était plutôt à lui de me présenter ses condoléances. Mais il le fera sans doute après-demain, quand il me verra en deuil. Pour le moment, c'est un peu comme si maman n'était pas morte. Après l'enterrement, au contraire, ce sera une affaire classée et tout aura revêtu une allure plus officielle.

J'ai pris l'autobus à deux heures. Il faisait très chaud. J'ai mangé au restaurant, chez Céleste, comme d'habitude. Ils avaient tous beaucoup de peine pour moi et Céleste m'a dit: «On n'a qu'une mère.» Quand je suis parti, ils m'ont accompagné à la porte. J'étais un peu étourdi parce qu'il a fallu que je monte chez Emmanuel pour lui emprunter une cravate noire et un brassard. Il a perdu son oncle, il y a quelques mois.

J'ai couru pour ne pas manquer le départ. Cette hâte, cette course, c'est à cause de tout cela sans doute, ajouté aux cahots, à l'odeur d'essence, à la réverbération de la route et du ciel, que je me suis assoupi. J'ai dormi pendant presque tout le trajet. Et quand je me suis réveillé, j'étais tassé

un asile Altenheim **sentiments distingués** langage télégraphique: abréviation d'une formule de politesse très courante à la fin d'une lettre **présenter ses condoléances** *(f.)* affirmer sa sympathie en une triste circonstance (mort) **en deuil** *(m.)* en vêtements, généralement noirs, qu'on porte dans ces circonstances **une affaire classée** affaire qui aura pris sa place parmi les autres et dont on ne parlera plus **revêtir qc.** prendre; se donner **étourdi,e** qui a comme le sens troublé (benommen) **le brassard** bande d'étoffe que mettent au bras les personnes en deuil **le cahot** le saut que fait une voiture en roulant sur un terrain inégal (Stoß, Gerüttel) **la réverbération** réflexion de la lumière ou de la chaleur **s'assoupir** s'endormir à moitié **être tassé,e** *(fam.)* se dit de personnes qui sont serrées, pressées

contre un militaire qui m'a souri et qui m'a demandé si je venais de loin. J'ai dit «oui» pour n'avoir plus à parler.

L'asile est à deux kilomètres du village. J'ai fait le chemin à pied. J'ai voulu voir maman tout de suite. Mais le concierge m'a dit qu'il fallait que je rencontre le directeur. Comme il était occupé, j'ai attendu un peu. Pendant tout ce temps, le concierge a parlé et ensuite, j'ai vu le directeur: il m'a reçu dans son bureau. C'était un petit vieux, avec la Légion d'honneur. Il m'a regardé de ses yeux clairs. Puis il m'a serré la main qu'il a gardée si longtemps que je ne savais trop comment la retirer. Il a consulté un dossier et m'a dit: «Mme Meursault est entrée ici il y a trois ans. Vous étiez son seul soutien.» J'ai cru qu'il me reprochait quelque chose et j'ai commencé à lui expliquer. Mais il m'a interrompu: «Vous n'avez pas à vous justifier, mon cher enfant. J'ai lu le dossier de votre mère. Vous ne pouviez subvenir à ses besoins. Il lui fallait une garde. Vos salaires sont modestes. Et tout compte fait, elle était plus heureuse ici.» J'ai dit: «Oui, monsieur le Directeur.» Il a ajouté: «Vous savez, elle avait des amis, des gens de son âge. Elle pouvait partager avec eux des intérêts qui sont d'un autre temps. Vous êtes jeune et elle devait s'ennuyer avec vous.»

C'était vrai. Quand elle était à la maison, maman passait son temps à me suivre des yeux en silence. Dans les premiers jours où elle était à l'asile, elle pleurait souvent. Mais c'était à cause de l'habitude. Au bout de quelques mois, elle aurait pleuré si on l'avait retirée de l'asile. Toujours à cause de l'habitude. C'est un peu pour cela que dans la dernière année je n'y suis presque plus allé. Et aussi parce que cela me prenait mon dimanche – sans compter l'effort pour aller à l'autobus, prendre des tickets et faire deux heures de route.

Le directeur m'a encore parlé. Mais je ne l'écoutais presque plus. Puis il m'a dit: «Je suppose que vous voulez voir votre mère.» Je me suis levé sans rien dire et il m'a précédé vers la porte. Dans l'escalier, il m'a expliqué: «Nous l'avons transportée dans notre petite morgue. Pour ne pas impressionner les autres. Chaque fois qu'un pensionnaire meurt, les autres sont nerveux pendant deux ou trois jours. Et ça rend le service difficile.» Nous avons traversé une cour où il y avait beaucoup de vieillards, bavardant par petits groupes. Il se taisaient quand nous passions. Et derrière nous, les conversations reprenaient. On aurait dit d'un jacassement

(Ordre de) la Légion d'honneur ordre national français, institué en 1802 par Napoléon, en récompense de services militaires et civils **le dossier** ensemble des papiers/documents concernant une personne, une affaire **subvenir aux besoins de qn.** lui donner ce qui lui est nécessaire **la morgue** *(par ext.)* salle où l'on dépose les morts (Leichenhalle) **on aurait dit** on aurait cru entendre **le jacassement** bruit que font des oiseaux réunis; ici: bavardage, babillage

assourdi de perruches. A la porte d'un petit bâtiment, le directeur m'a quitté: «Je vous laisse, monsieur Meursault. Je suis à votre disposition dans mon bureau. En principe, l'enterrement est fixé à dix heures du matin. Nous avons pensé que vous pourrez ainsi veiller la disparue. Un dernier mot: votre mère a, paraît-il, exprimé souvent à ses compagnons le désir d'être enterrée religieusement. J'ai pris sur moi de faire le nécessaire. Mais je voulais vous en informer.» Je l'ai remercié. Maman, sans être athée, n'avait jamais pensé de son vivant à la religion.

Je suis entré. C'était une salle très claire, blanchie à la chaux et recouverte d'une verrière. Elle était meublée de chaises et de chevalets en forme de X. Deux d'entre eux, au centre, supportaient une bière recouverte de son couvercle. On voyait seulement des vis brillantes, à peine enfoncées, se détacher sur les planches passées au brou de noix. Près de la bière, il y avait une infirmière arabe en sarrau blanc, un foulard de couleur vive sur la tête.

A ce moment, le concierge est entré derrière mon dos. Il avait dû courir. Il a bégayé un peu: «On l'a couverte, mais je dois dévisser la bière pour que vous puissiez la voir.» Il s'approchait de la bière quand je l'ai arrêté. Il m'a dit: «Vous ne voulez pas?» J'ai répondu: «Non.» Il s'est interrompu et j'étais gêné parce que je sentais que je n'aurais pas dû dire cela. Au bout d'un moment, il m'a regardé et il m'a demandé: «Pourquoi?» mais sans reproche, comme s'il s'informait. J'ai dit: «Je ne sais pas.» Alors, tortillant sa moustache blanche, il a déclaré sans me regarder: «Je comprends.» Il avait de beaux yeux, bleu clair, et un teint un peu rouge. Il m'a donné une chaise et lui-même s'est assis un peu en arrière de moi. La garde s'est levée et s'est dirigée vers la sortie. A ce moment, le concierge m'a dit: «C'est un chancre qu'elle a.» Comme je ne comprenais pas, j'ai regardé l'infirmière et j'ai vu qu'elle portait sous les yeux un bandeau qui faisait le tour de la tête. A la hauteur du nez, le bandeau était plat. On ne voyait que la blancheur du bandeau dans son visage.

Quand elle est partie, le concierge a parlé: «Je vais vous laisser seul.» Je ne sais pas quel geste j'ai fait, mais il est resté, debout derrière moi. Cette présence dans mon dos me gênait. La pièce était pleine d'une belle lumière

la perruche petit perroquet (Sittich); se dit, au fig., d'une femme bavarde **de son vivant** pendant sa vie **la chaux** Kalk **la verrière** toit vitré, grande fenêtre (ornée de vitraux peints) **le chevalet** Gestell, Bock **la bière** coffre (ordinaire) où l'on met un mort **la vis** [vis] Schraube **(les planches) passées au brou** *(m.)* **de noix** nussgebeizt **le sarrau** Kittel **bégayer** parler d'une façon inintelligible, articuler mal les mots (daherstottern) **dévisser** retirer les vis qui retiennent un objet **tortiller qc** la tordre à plusieurs tours **le chancre** *(méd.)* maladie qui ronge, qui dévore (Krebsgeschwür) **le bandeau** bande pour ceindre le front, la tête etc.

de fin d'après-midi. Deux frelons bourdonnaient contre la verrière. Et je sentais le sommeil me gagner. J'ai dit au concierge, sans me retourner vers lui: «Il y a longtemps que vous êtes là?» Immédiatement il a répondu: «Cinq ans» – comme s'il avait attendu depuis toujours ma demande.

Ensuite, il a beaucoup bavardé. On l'aurait bien étonné en lui disant qu'il finirait concierge à l'asile de Marengo. Il avait soixante-quatre ans et il était Parisien. A ce moment je l'ai interrompu: «Ah! vous n'êtes pas d'ici?» Puis je me suis souvenu qu'avant de me conduire chez le directeur, il m'avait parlé de maman. Il m'avait dit qu'il fallait l'enterrer très vite, parce que dans la plaine il faisait chaud, surtout dans ce pays. C'est alors qu'il m'avait appris qu'il avait vécu à Paris et qu'il avait du mal à l'oublier. A Paris, on reste avec le mort trois, quatre jours quelquefois. Ici on n'a pas le temps, on ne s'est pas fait à l'idée que déjà il faut courir derrière le corbillard. Sa femme lui avait dit alors: «Tais-toi, ce ne sont pas des choses à raconter à monsieur.» Le vieux avait rougi et s'était excusé. J'étais intervenu pour dire: «Mais non. Mais non.» Je trouvais ce qu'il racontait juste et intéressant.

Dans la petite morgue, il m'a appris qu'il était entré à l'asile comme indigent. Comme il se sentait valide, il s'était proposé pour cette place de concierge. Je lui ai fait remarquer qu'en somme il était un pensionnaire. Il m'a dit que non. J'avais déjà été frappé par la façon qu'il avait de dire: «ils», «les autres», et plus rarement «les vieux», en parlant des pensionnaires dont certains n'étaient pas plus âgés que lui. Mais naturellement, ce n'était pas la même chose. Lui était concierge, et, dans une certaine mesure, il avait des droits sur eux.

La garde est entrée à ce moment. Le soir était tombé brusquement. Très vite, la nuit s'était épaissie au-dessus de la verrière. Le concierge a tourné le commutateur et j'ai été aveuglé par l'éclaboussement soudain de la lumière. Il m'a invité à me rendre au réfectoire pour dîner. Mais je n'avais pas faim. Il m'a offert alors d'apporter une tasse de café au lait. Comme j'aime beaucoup le café au lait, j'ai accepté et il est revenu un moment après avec un plateau. J'ai bu. J'ai eu alors envie de fumer. Mais j'ai hésité parce que je ne savais pas si je pouvais le faire devant maman. J'ai réfléchi, cela n'avait aucune importance. J'ai offert une cigarette au concierge et nous avons fumé.

A un moment, il m'a dit: «Vous savez, les amis de Madame votre mère vont venir la veiller aussi. C'est la coutume. Il faut que j'aille chercher des

le frelon Hornisse **bourdonner** faire entendre un bruit sourd et continu (summen, brummen) **se faire à qc** s'y habituer **le corbillard** voiture servant à transporter les morts au cimetière **un indigent** personne sans ressources (Notleidender) **le commutateur** Lichtschalter (syn. fam.: **bouton**) **un éclaboussement** jaillissement (Aufblitzen, Erstrahlen) **le réfectoire** salle où les membres d'une communauté (soldats, lycéens, vieillards) prennent leurs repas

chaises et du café noir.» Je lui ai demandé si on pouvait éteindre une des lampes. L'éclat de la lumière sur les murs blancs me fatiguait. Il m'a dit que ce n'était pas possible. L'installation était ainsi faite: c'était tout ou rien. Je n'ai plus beaucoup fait attention à lui. Il est sorti, est revenu, a disposé des chaises. Sur l'une d'elles, il a empilé des tasses autour d'une cafetière. Puis il s'est assis en face de moi, de l'autre côté de maman. La garde était aussi au fond, le dos tourné. Je ne voyais pas ce qu'elle faisait. Mais au mouvement de ses bras, je pouvais croire qu'elle tricotait. Il faisait doux, le café m'avait réchauffé et par la porte ouverte entrait une odeur de nuit et de fleurs. Je crois que j'ai somnolé un peu.

C'est un frôlement qui m'a réveillé. D'avoir fermé les yeux, la pièce m'a paru encore plus éclatante de blancheur. Devant moi, il n'y avait pas une ombre et chaque objet, chaque angle, toutes les courbes se dessinaient avec une pureté blessante pour les yeux. C'est à ce moment que les amis de maman sont entrés. Ils étaient en tout une dizaine, et ils glissaient en silence dans cette lumière aveuglante. Ils se sont assis sans qu'aucune chaise grinçât. Je les voyais comme je n'ai jamais vu personne et pas un détail de leurs visages ou de leurs habits ne m'échappait. Pourtant je ne les entendais pas et j'avais peine à croire à leur réalité. Presque toutes les femmes portaient un tablier et le cordon qui les serrait à la taille faisait encore ressortir leur ventre bombé. Je n'avais encore jamais remarqué à quel point les vieilles femmes pouvaient avoir du ventre. Les hommes étaient presque tous très maigres et tenaient des cannes. Ce qui me frappait dans leurs visages, c'est que je ne voyais pas leurs yeux, mais seulement une lueur sans éclat au milieu d'un nid de rides. Lorsqu'ils se sont assis, la plupart m'ont regardé et ont hoché la tête avec gêne, les lèvres toutes mangées par leur bouche sans dents, sans que je puisse savoir s'ils me saluaient ou s'il s'agissait d'un tic. Je crois plutôt qu'ils me saluaient. C'est à ce moment que je me suis aperçu qu'ils étaient tous assis en face de moi à dodeliner de la tête, autour du concierge. J'ai eu un moment l'impression ridicule qu'ils étaient là pour me juger.

Peu après, une des femmes s'est mise à pleurer. Elle était au second rang, cachée par une de ses compagnes, et je la voyais mal. Elle pleurait à petits cris, régulièrement: il me semblait qu'elle ne s'arrêterait jamais. Les

empiler *(fam.)* amasser et entasser **somnoler** dormir à moitié **le frôlement** action de toucher légèrement en passant et bruit léger qui en résulte (Rascheln, Knistern) **d'avoir fermé les yeux** «de» introduit ici une proposition causale **grincer** se dit du bruit que font certaines choses en tournant sur elles-mêmes (quietschen, knarren) **bombé,e** gonflé, convexe **la ride** pli du visage, qui est ordinairement l'effet de l'âge **hocher la tête** la mouvoir de haut en bas ou de droite à gauche (en signe d'accord) **dodeliner (de la tête)** balancer doucement

autres avaient l'air de ne pas l'entendre. Ils étaient affaissés, mornes et silencieux. Ils regardaient la bière ou leur canne, ou n'importe quoi, mais ils ne regardaient que cela. La femme pleurait toujours. J'étais très étonné parce que je ne la connaissais pas. J'aurais voulu ne plus l'entendre. Pourtant je n'osais pas le lui dire. Le concierge s'est penché vers elle, lui a parlé, mais elles a secoué la tête, a bredouillé quelque chose, et a continué de pleurer avec la même régularité. Le concierge est venu alors de mon côté. Il s'est assis près de moi. Après un assez long moment, il m'a renseigné sans me regarder: «Elle était très liée avec Madame votre mère. Elle dit que c'était sa seule amie ici et que maintenant elle n'a plus personne.»

Nous sommes restés un long moment ainsi. Les soupirs et les sanglots de la femme se faisaient plus rares. Elle reniflait beaucoup. Elle s'est tue enfin. Je n'avais plus sommeil, mais j'étais fatigué et les reins me faisaient mal. A présent c'était le silence de tous ces gens qui m'était pénible. De temps en temps seulement, j'entendais un bruit singulier et je ne pouvais comprendre ce qu'il était. A la longue, j'ai fini par deviner que quelques-uns d'entre les vieillards suçaient l'intérieur de leurs joues et laissaient échapper ces clappements bizarres. Ils ne s'en apercevaient pas tant ils étaient absorbés dans leurs pensées. J'avais même l'impression que cette morte, couchée au milieu d'eux, ne signifiait rien à leurs yeux. Mais je crois maintenant que c'était une impression fausse.

Nous avons tous pris du café, servi par le concierge. Ensuite, je ne sais plus. La nuit a passé. Je me souviens qu'à un moment j'ai ouvert les yeux et j'ai vu que les vieillards dormaient tassés sur eux-mêmes, à l'exception d'un seul qui, le menton sur le dos de ses mains agrippées à la canne, me regardait fixement comme s'il n'attendait que mon réveil. Puis j'ai encore dormi. Je me suis réveillé parce que j'avais de plus en plus mal aux reins. Le jour glissait sur la verrière. Peu après, l'un des vieillards s'est réveillé et il a beaucoup toussé. Il crachait dans un grand mouchoir à carreaux et chacun de ses crachats était comme un arrachement. Il a réveillé les autres et le concierge a dit qu'ils devraient partir. Ils se sont levés. Cette veille incommode leur avait fait des visages de cendre. En sortant, et à mon grand étonnement, ils m'ont tous serré la main – comme si cette nuit où nous n'avions pas échangé un mot avait accru notre intimité.

J'étais fatigué. Le concierge m'a conduit chez lui et j'ai pu faire un peu de toilette. J'ai encore pris du café au lait qui était très bon. Quand je suis

être affaissé,e ne plus se tenir debout, droit **morne** sombre, triste **bredouiller** ne pas articuler distinctement **renifler** aspirer fortement par le nez (schnauben, schniefen) **le rein** Niere **sucer qc** exercer une pression avec la langue, les lèvres sur qc. (saugen, lutschen) **le clappement** bruit sec que produit la langue (Schnalzen) **être agrippé,e à** *(fam.)* être accroché à **cracher** rejeter par la bouche qc ou de la salive **accroître** augmenter, rendre plus grand

sorti, le jour était complètement levé. Au-dessus des collines qui séparent Marengo de la mer, le ciel était plein de rougeurs. Et le vent qui passait au-dessus d'elles apportait ici une odeur de sel. C'était une belle journée qui se préparait. Il y avait longtemps que j'étais allé à la campagne et je sentais quel plaisir j'aurais pris à me promener s'il n'y avait pas eu maman.

Mais j'ai attendu dans la cour, sous un platane. Je respirais l'odeur de la terre fraîche et je n'avais plus sommeil. J'ai pensé aux collègues du bureau. A cette heure, ils se levaient pour aller au travail: pour moi c'était toujours l'heure la plus difficile. J'ai encore réfléchi un peu à ces choses, mais j'ai été distrait par une cloche qui sonnait à l'intérieur des bâtiments. Il y a eu du remue-ménage derrière les fenêtres, puis tout s'est calmé. Le soleil était monté un peu plus dans le ciel: il commençait à chauffer mes pieds. Le concierge a traversé la cour et m'a dit que le directeur me demandait. Je suis allé dans son bureau. Il m'a fait signer un certain nombre de pièces. J'ai vu qu'il était habillé de noir avec un pantalon rayé. Il a pris le téléphone en main et il m'a interpellé: «Les employés des pompes funèbres sont là depuis un moment. Je vais leur demander de venir fermer la bière. Voulez-vous auparavant voir votre mère une dernière fois?» J'ai dit non. Il a ordonné dans le téléphone en baissant la voix: «Figeac, dites aux hommes qu'ils peuvent aller.»

Ensuite il m'a dit qu'il assisterait à l'enterrement et je l'ai remercié. Il s'est assis derrière son bureau, il a croisé ses petites jambes. Il m'a averti que moi et lui serions seuls, avec l'infirmière de service. En principe, les pensionnaires ne devaient pas assister aux enterrements. Il les laissait seulement veiller: «C'est une question d'humanité», a-t-il remarqué. Mais en l'espèce, il avait accordé l'autorisation de suivre le convoi à un vieil ami de maman: «Thomas Pérez.» Ici, le directeur a souri. Il m'a dit: «Vous comprenez, c'est un sentiment un peu puéril. Mais lui et votre mère ne se quittaient guère. A l'asile, on les plaisantait, on disait à Pérez: «C'est votre fiancée.» Lui riait. Ça leur faisait plaisir. Et le fait est que la mort de Mme Meursault l'a beaucoup affecté. Je n'ai pas cru devoir lui refuser l'autorisation. Mais sur le conseil du médecin visiteur, je lui ai interdit la veillée d'hier.»

Nous sommes restés silencieux assez longtemps. Le directeur s'est levé et a regardé par la fenêtre de son bureau. A un moment, il a observé:

le remue-ménage *(inv. fam.)* dérangement bruyant de choses que l'on déplace; *(fig.)* agitation, troubles accompagnés de désordre **rayé,e** gestreift **interpeller qn** adresser la parole à qn pour lui demander qc **les pompes** *(f.)* **funèbres** service chargé de l'organisation des funérailles (Beerdigungsinstitut) **en l'espèce** en ce cas **puéril,e** *(péj.)* enfantin; qui ne convient pas à un adulte

«Voilà déjà le curé de Marengo. Il est en avance.» Il m'a prévenu qu'il faudrait au moins trois quarts d'heure de marche pour aller à l'église qui est au village même. Nous sommes descendus. Devant le bâtiment, il y avait le curé et deux enfants de chœur. L'un de ceux-ci tenait un encensoir et le prêtre se baissait vers lui pour régler la longueur de la chaîne d'argent. Quand nous sommes arrivés, le prêtre s'est relevé. Il m'a appelé «mon fils» et m'a dit quelques mots. Il est entré; je l'ai suivi.

J'ai vu d'un coup que les vis de la bière étaient enfoncées et qu'il y avait quatre hommes noirs dans la pièce. J'ai entendu en même temps le directeur me dire que la voiture attendait sur la route et le prêtre commencer ses prières. A partir de ce moment, tout est allé très vite. Les hommes se sont avancés vers la bière avec un drap. Le prêtre, ses suivants, le directeur et moi-même sommes sortis. Devant la porte, il y avait une dame que je ne connaissais pas: «M. Meursault», a dit le directeur. Je n'ai pas entendu le nom de cette dame et j'ai compris seulement qu'elle était infirmière déléguée. Elle a incliné sans un sourire son visage osseux et long. Puis nous nous sommes rangés pour laisser passer le corps. Nous avons suivi les porteurs et nous sommes sortis de l'asile. Devant la porte, il y avait la voiture. Vernie, oblongue et brillante, elle faisait penser à un plumier. A côté d'elle, il y avait l'ordonnateur, petit homme aux habits ridicules, et un vieillard à l'allure empruntée. J'ai compris que c'était M. Pérez. Il avait un feutre mou à la calotte ronde et aux ailes larges (il l'a ôté quand la bière a passé la porte), un costume dont le pantalon tirebouchonnait sur les souliers et un nœud d'étoffe noire trop petit pour sa chemise à grand col blanc. Ses lèvres tremblaient au-dessous d'un nez truffé de points noirs. Ses cheveux blancs assez fins laissaient passer de curieuses oreilles ballantes et mal ourlées dont la couleur rouge sang dans ce visage blafard me frappa. L'ordonnateur nous donna nos places. Le curé marchait en avant, puis la voiture. Autour d'elle, les quatre hommes.

un enfant de chœur celui qui assiste le prêtre dans les cérémonies religieuses **un encensoir** Weihrauchfass **une (infirmière) déléguée** désignée par les personnes qui travaillent à l'asile pour assister, en leur nom, à l'enterrement **(le visage) osseux** très maigre **verni,e** recouvert de vernis (lackiert) **oblong,ue** länglich **le plumier (d'écolier)** trousse; boîte dans laquelle on met plumes, crayons, gommes, etc. **un ordonnateur** qui ordonne, dispose une cérémonie **emprunté,e** *(fig.)* qui n'est pas naturel; gauche **le feutre** Filzhut **la calotte** la partie supérieure d'un chapeau **une aile** le bord d'un chapeau **tirebouchonner** tomber en faisant des plis (sur la chaussure) **truffé,e** *(fig. fam.)* piqueté de petits points noirs (gespickt, übersät) **ballant,e** qui pend (hängend) **mal ourlé,e** sens: le rebord des oreilles est aplati **blafard,e** pâle **frappa** un des cinq passés simples dans *L'Etranger* (v. 18, 28; 23, 4; 24, 10; 55, 18) contre l'emploi systématique du passé composé

Derrière, le directeur, moi-même et, fermant la marche, l'infirmière déléguée et M. Pérez.

Le ciel était déjà plein de soleil. Il commençait à peser sur la terre et la chaleur augmentait rapidement. Je ne sais pas pourquoi nous avons attendu assez longtemps avant de nous mettre en marche. J'avais chaud sous mes vêtements sombres. Le petit vieux, qui s'était recouvert, a de nouveau ôté son chapeau. Je m'étais un peu tourné de son côté, et je le regardais lorsque le directeur m'a parlé de lui. Il m'a dit que souvent ma mère et M. Pérez allaient se promener le soir jusqu'au village, accompagnés d'une infirmière. Je regardais la campagne autour de moi. A travers les lignes de cyprès qui menaient aux collines près du ciel, cette terre rousse et verte, ces maisons rares et bien dessinées, je comprenais maman. Le soir, dans ce pays, devait être comme une trêve mélancolique. Aujourd'hui le soleil débordant qui faisait tressaillir le paysage le rendait inhumain et déprimant.

Nous nous sommes mis en marche. C'est à ce moment que je me suis aperçu que Pérez claudiquait légèrement. La voiture, peu à peu, prenait de la vitesse et le vieillard perdait du terrain. L'un des hommes qui entouraient la voiture s'était laissé dépasser aussi et marchait maintenant à mon niveau. J'étais surpris de la rapidité avec laquelle le soleil montait dans le ciel. Je me suis aperçu qu'il y avait déjà longtemps que la campagne bourdonnait du chant des insectes et de crépitements d'herbe. La sueur coulait sur mes joues. Comme je n'avais pas de chapeau, je m'éventais avec mon mouchoir. L'employé des pompes funèbres m'a dit alors quelque chose que je n'ai pas entendu. En même temps, il s'essuyait le crâne avec un mouchoir qu'il tenait dans sa main gauche, la main droite soulevant le bord de sa casquette. Je lui ai dit: «Comment?» Il a répété en montrant le ciel: «Ça tape.» J'ai dit: «Oui.» Un peu après, il m'a demandé: «C'est votre mère qui est là?» J'ai encore dit: «Oui.» «Elle était vieille?» J'ai répondu: «Comme ça», parce que je ne savais pas le chiffre exact. Ensuite, il s'est tu. Je me suis retourné et j'ai vu le vieux Pérez une cinquantaine de mètres derrière nous. Il se hâtait en balançant son feutre à bout de bras. J'ai regardé aussi le directeur. Il marchait avec beaucoup de dignité, sans un geste inutile. Quelques gouttes de sueur perlaient sur son front, mais il ne les essuyait pas.

Il me semblait que le convoi marchait un peu plus vite. Autour de moi, c'était toujours la même campagne lumineuse gorgée de soleil. L'éclat du ciel était insoutenable. A un moment donné, nous sommes passés sur

la trêve *(fig.)* repos, court arrêt **claudiquer** *(litt.)* boiter (hinken, humpeln) **le crépitement** se dit des choses qui, sans brûler, font des bruits semblables (Knistern) **s'éventer** se rafraîchir à l'aide d'un éventail (sich Luft zufächeln) **ça tape** *(pop.)* ça frappe (le soleil est brûlant) **gorger** *(fig.)* combler, remplir

une partie de la route qui avait été récemment refaite. Le soleil avait fait éclater le goudron. Les pieds y enfonçaient et laissaient ouverte sa pulpe brillante. Au-dessus de la voiture, le chapeau du cocher, en cuir bouilli, semblait avoir été pétri dans cette boue noire. J'étais un peu perdu entre le ciel bleu et blanc et la monotonie de ces couleurs, noir gluant du goudron ouvert, noir terne des habits, noir laqué de la voiture. Tout cela, le soleil, l'odeur de cuir et de crottin de la voiture, celle du vernis et celle de l'encens, la fatigue d'une nuit d'insomnie, me troublait le regard et les idées. Je me suis retourné une fois de plus: Pérez m'a paru très loin, perdu dans une nuée de chaleur, puis je ne l'ai plus aperçu. Je l'ai cherché du regard et j'ai vu qu'il avait quitté la route et pris à travers champs. J'ai constaté aussi que devant moi la route tournait. J'ai compris que Pérez qui connaissait la pays coupait au plus court pour nous rattraper. Au tournant il nous avait rejoints. Puis nous l'avons perdu. Il a repris encore à travers champs et comme cela plusieurs fois. Moi, je sentais le sang qui me battait aux tempes.

Tout s'est passé ensuite avec tant de précipitation, de certitude et de naturel, que je ne me souviens plus de rien. Une chose seulement: à l'entrée du village, l'infirmière déléguée m'a parlé. Elle avait une voix singulière qui n'allait pas avec son visage, une voix mélodieuse et tremblante. Elle m'a dit: «Si on va doucement, on risque une insolation. Mais si on va trop vite, on est en transpiration et dans l'église on attrape un chaud et froid.» Elle avait raison. Il n'y avait pas d'issue. J'ai encore gardé quelques images de cette journée: par exemple, le visage de Pérez quand, pour la dernière fois, il nous a rejoints près du village. De grosses larmes d'énervement et de peine ruisselaient sur ses joues. Mais, à cause des rides, elles ne s'écoulaient pas. Elles s'étalaient, se rejoignaient et formaient un vernis d'eau sur ce visage détruit. Il y a eu encore l'église et les villageois sur les trottoirs, les géraniums rouges sur les tombes du cimetière, l'évanouissement de Pérez (on eût dit un pantin disloqué), la terre couleur de sang qui roulait sur la bière de maman, la chair blanche des racines qui s'y mêlaient, encore du monde, des voix, le village, l'attente devant un café, l'incessant ronflement du moteur, et ma joie quand l'autobus est entré dans le nid de lumières d'Alger et que j'ai pensé que j'allais me coucher et dormir pendant douze heures.

le goudron Teer **la pulpe** pâte, matière molle **le cuir bouilli** cuir de vache durci (gesottenes Leder) **pétrir (dans)** former, façonner **gluant,e** qui colle **terne** mat: qui a peu ou point d'éclat **le crottin** excrément du cheval (Pferdeapfel) **prendre à travers champs** aller directement, sans prendre les chemins tracés (querfeldein laufen) **couper au plus court** passer par le plus court chemin **aller avec** convenir; s'accorder avec **une insolation** coup de soleil (Sonnenstich) **(attraper) un chaud et froid** *(fam.)* refroidissement brusque alors qu'on est en sueur **s'étaler** *(fam.)* s'étendre **le pantin disloqué** ausgerenkter, verrenkter Hampelmann

II

En me réveillant, j'ai compris pourquoi mon patron avait l'air mécontent quand je lui ai demandé mes deux jours de congé: c'est aujourd'hui samedi. Je l'avais pour ainsi dire oublié, mais en me levant, cette idée m'est venue. Mon patron, tout naturellement, a pensé que j'aurais ainsi quatre jours de vacances avec mon dimanche et cela ne pouvait pas lui faire plaisir. Mais d'une part, ce n'est pas de ma faute si on a enterré maman hier au lieu d'aujourd'hui et d'autre part, j'aurais eu mon samedi et mon dimanche de toute façon. Bien entendu, cela ne m'empêche pas de comprendre tout de même mon patron.

J'ai eu de la peine à me lever parce que j'étais fatigué de ma journée d'hier. Pendant que je me rasais, je me suis demandé ce que j'allais faire et j'ai décidé d'aller me baigner. J'ai pris le tram pour aller à l'établissement de bains du port. Là, j'ai plongé dans la passe. Il y avait beaucoup de jeunes gens. J'ai retrouvé dans l'eau Marie Cardona, une ancienne dactylo de mon bureau dont j'avais eu envie à l'époque. Elle aussi, je crois. Mais elle est partie peu après et nous n'avons pas eu le temps. Je l'ai aidée à monter sur une bouée et, dans ce mouvement, j'ai effleuré ses seins. J'étais encore dans l'eau quand elle était déjà à plat ventre sur la bouée. Elle s'est retournée vers moi. Elle avait les cheveux dans les yeux et elle riait. Je me suis hissé à côté d'elle sur la bouée. Il faisait bon et, comme en plaisantant, j'ai laissé aller ma tête en arrière et je l'ai posée sur son ventre. Elle n'a rien dit et je suis resté ainsi. J'avais tout le ciel dans les yeux et il était bleu et doré. Sous ma nuque, je sentais le ventre de Marie battre doucement. Nous sommes restés longtemps sur la bouée, à moitié endormis. Quand le soleil est devenu trop fort, elle a plongé et je l'ai suivie. Je l'ai rattrapée, j'ai passé ma main autour de sa taille et nous avons nagé ensemble. Elle riait toujours. Sur le quai, pendant que nous nous séchions, elle m'a dit: «Je suis plus brune que vous.» Je lui ai demandé si elle voulait venir au cinéma, le soir. Elle a encore ri et m'a dit qu'elle avait envie de voir un film avec Fernandel. Quand nous nous sommes rhabillés, elle a eu l'air très surprise de me voir avec une cravate noire et elle m'a demandé si j'étais en deuil. Je lui ai dit que maman était morte. Comme elle voulait savoir depuis quand, j'ai répondu: «Depuis hier.» Elle a eu un petit

la passe *(mar.)* voie navigable donnant accès à un port (Fahrrinne) **elle est partie** la phrase exigerait logiquement le plus-que-parfait, comme dans la relative **la bouée** *(mar.)* corps flottant servant de signal pour indiquer un danger ou une passe (Boje) **effleurer** toucher légèrement; caresser **se hisser** s'élever, souvent péniblement **Fernandel** acteur français très populaire (1903-1971) **depuis hier ...** voici un des déplacements parfois illogiques du temps du narrateur qui donne l'impression d'un récit fait au jour le jour (journal intime)

recul, mais n'a fait aucune remarque. J'ai eu envie de lui dire que ce n'était pas de ma faute, mais je me suis arrêté parce que j'ai pensé que je l'avais déjà dit à mon patron. Cela ne signifiait rien. De toute façon, on est toujours un peu fautif.

Le soir, Marie avait tout oublié. Le film était drôle par moments et puis vraiment trop bête. Elle avait sa jambe contre la mienne. Je lui caressais les seins. Vers la fin de la séance, je l'ai embrassée, mais mal. En sortant, elle est venue chez moi.

Quand je me suis réveillé, Marie était partie. Elle m'avait expliqué qu'elle devait aller chez sa tante. J'ai pensé que c'était dimanche et cela m'a ennuyé: je n'aime pas le dimanche. Alors, je me suis retourné dans mon lit, j'ai cherché dans le traversin l'odeur de sel que les cheveux de Marie y avaient laissée et j'ai dormi jusqu'à dix heures. J'ai fumé ensuite des cigarettes, toujours couché, jusqu'à midi. Je ne voulais pas déjeuner chez Céleste comme d'habitude parce que, certainement, ils m'auraient posé des questions et je n'aime pas cela. Je me suis fait cuire des œufs et je les ai mangés à même le plat, sans pain parce que je n'en avais plus et que je ne voulais pas descendre pour en acheter.

Après le déjeuner, je me suis ennuyé un peu et j'ai erré dans l'appartement. Il était commode quand maman était là. Maintenant il est trop grand pour moi et j'ai dû transporter dans ma chambre la table de la salle à manger. Je ne vis plus que dans cette pièce, entre les chaises de paille un peu creusées, l'armoire dont la glace est jaunie, la table de toilette et le lit de cuivre. Le reste est à l'abandon. Un peu plus tard, pour faire quelque chose, j'ai pris un vieux journal et je l'ai lu. J'y ai découpé une réclame des sels Kruschen et je l'ai collée dans un vieux cahier où je mets les choses qui m'amusent dans les journaux. Je me suis aussi lavé les mains et, pour finir, je me suis mis au balcon.

Ma chambre donne sur la rue principale du faubourg. L'après-midi était beau. Cependant, le pavé était gras, les gens rares et pressés encore. C'étaient d'abord des familles allant en promenade, deux petits garçons en costume marin, la culotte au-dessous du genou, un peu empêtrés dans leurs vêtements raides, et une petite fille avec un gros nœud rose et des souliers noirs vernis. Derrière eux, une mère énorme, en robe de soie

fautif,ive qui est en faute, coupable **par moments** de temps à autre **en sortant ...** la phrase est ‹incorrecte› si l'on suppose, et c'est légitime, que le gérondif a pour sujet ‹nous› (cf. p. 30, 23) **le traversin** sorte d'oreiller long qui occupe la largeur du lit («Schlummerrolle») **à même le plat** dans le plat même **(chaise) creusée** eingesessen **jauni,e** faux; terne; qui a perdu son éclat (vergilbt) **à l'abandon** sans soin; en désordre **les sels Kruschen** produit pharmaceutique, très connu avant la deuxième guerre mondiale **le pavé** Straßendecke, -pflaster **empêtré,e** embarrassé, gêné **frêle** qui semble fragile; mince

marron, et le père, un petit homme assez frêle que je connais de vue. Il avait un canotier, un nœud papillon et une canne à la main. En le voyant avec sa femme, j'ai compris pourquoi dans le quartier on disait de lui qu'il était distingué. Un peu plus tard passèrent les jeunes gens du faubourg, cheveux laqués et cravate rouge, le veston très cintré, avec une pochette brodée et des souliers à bouts carrés. J'ai pensé qu'ils allaient aux cinémas du centre. C'était pourquoi ils partaient si tôt et se dépêchaient vers le tram en riant très fort.

Après eux, la rue peu à peu est devenue déserte. Les spectacles étaient partout commencés, je crois. Il n'y avait plus dans la rue que les boutiquiers et les chats. Le ciel était pur mais sans éclat au-dessus des ficus qui bordent la rue. Sur le trottoir d'en face, le marchand de tabac a sorti une chaise, l'a installée devant sa porte et l'a enfourchée en s'appuyant des deux bras sur le dossier. Les trams tout à l'heure bondés étaient presque vides. Dans le petit café: «Chez Pierrot», à côté du marchand de tabac, le garçon balayait de la sciure dans la salle déserte. C'était vraiment dimanche.

J'ai retourné ma chaise et je l'ai placée comme celle du marchand de tabac parce que j'ai trouvé que c'était plus commode. J'ai fumé deux cigarettes, je suis rentré pour prendre un morceau de chocolat et je suis revenu le manger à la fenêtre. Peu après, le ciel s'est assombri et j'ai cru que nous allions avoir un orage d'été. Il s'est découvert peu à peu cependant. Mais le passage des nuées avait laissé sur la rue comme une promesse de pluie qui l'a rendue plus sombre. Je suis resté longtemps à regarder le ciel.

A cinq heures, des tramways sont arrivés dans le bruit. Ils remenaient du stade de banlieue des grappes de spectateurs perchés sur les marchepieds et les rambardes. Les tramways suivants ont ramené les joueurs que j'ai reconnus à leurs petites valises. Ils hurlaient et chantaient à pleins poumons que leur club ne périrait pas. Plusieurs m'on fait des signes. L'un

le canotier chapeau de paille, de forme ronde (Strohhut) **le nœud papillon** petite cravate dont la forme évoque celle d'un papillon (Fliege) **dinstingué,e** chic, d'une allure élégante **cintré,e** resserré à la taille (tailliert) **la pochette** petite poche; ici: sorte de petit mouchoir fin **brodé,e** bestickt **le ficus** nom scientifique du genre figuier (Feigenbaum) **enfourcher (une chaise)** s'asseoir, les coudes sur le dossier **bondé,e** rempli autant que possible **la sciure** poudre du bois qu'on scie (Sägemehl) **s'assombrir** devenir sombre (trübe werden, sich bewölken) **se découvrir** s'éclaircir (en parlant du temps) **la grappe** *(par ext.)* groupe d'hommes offrant quelque ressemblance avec une ‹grappe› de fruit (Traube, Knäuel) **(être) perché,e** *(fig. fam.)* placé, grimpé **le marchepied** Trittbrett **la rambarde** barre d'appui (Geländer) **à pleins poumons** aus vollem Hals cf. **le poumon** Lunge **avoir qn** attraper qn, vaincre qn

m'a même crié: «On les a eus.» Et j'ai fait: «Oui», en secouant la tête. A partir de ce moment, les autos ont commencé à affluer.

La journée a tourné encore un peu. Au-dessus des toits, le ciel est devenu rougeâtre et, avec le soir naissant, les rues se sont animées. Les promeneurs revenaient peu à peu. J'ai reconnu le monsieur distingué au milieu d'autres. Les enfants pleuraient ou se laissaient traîner. Presque aussitôt, les cinémas du quartier ont déversé dans la rue un flot de spectateurs. Parmi eux, les jeunes gens avaient des gestes plus décidés que d'habitude et j'ai pensé qu'ils avaient vu un film d'aventures. Ceux qui revenaient des cinémas de la ville arrivèrent un peu plus tard. Ils semblaient plus graves. Ils riaient encore, mais de temps en temps, ils paraissaient fatigués et songeurs. Ils sont restés dans la rue, allant et venant sur le trottoir d'en face. Les jeunes filles du quartier, en cheveux, se tenaient par le bras. Les jeunes gens s'étaient arrangés pour les croiser et ils lançaient des plaisanteries dont elles riaient en détournant la tête. Plusieurs d'entre elles, que je connaissais, m'ont fait des signes.

Les lampes de la rue se sont alors allumées brusquement et elles ont fait pâlir les premières étoiles qui montaient dans la nuit. J'ai senti mes yeux se fatiguer à regarder les trottoirs avec leur chargement d'hommes et de lumières. Les lampes faisaient luire le pavé mouillé, et les tramways, à intervalles réguliers, mettaient leurs reflets sur des cheveux brillants, un sourire ou un bracelet d'argent. Peu après, avec les tramways plus rares et la nuit déjà noire au-dessus des arbres et des lampes, le quartier s'est vidé insensiblement, jusqu'à ce que le premier chat traverse lentement la rue de nouveau déserte. J'ai pensé alors qu'il fallait dîner. J'avais un peu mal au cou d'être resté longtemps appuyé sur le dos de ma chaise. Je suis descendu acheter du pain et des pâtes, j'ai fait ma cuisine et j'ai mangé debout. J'ai voulu fumer une cigarette à la fenêtre, mais l'air avait fraîchi et j'ai eu un peu froid. J'ai fermé mes fenêtres et en revenant j'ai vu dans la glace un bout de table où ma lampe à alcool voisinait avec des morceaux de pain. J'ai pensé que c'était toujours un dimanche de tiré, que maman était maintenant enterrée, que j'allais reprendre mon travail et que, somme toute, il n'y avait rien de changé.

on les a eus *(pop.)* denen haben wir's gegeben **affluer** *(fig.)* abonder, arriver en grand nombre **déverser** *(fig.)* laisser sortir (ausgießen, ausspeien) **en cheveux** sans chapeau **traverse** Dans la langue parlée, et même dans la langue écrite ordinaire, le subjonctif ‹imparfait› est remplacé par le temps du présent **la lampe à alcool** Spirituslampe **de tiré** de passé

III

Aujourd'hui j'ai beaucoup travaillé au bureau. Le patron a été aimable. Il m'a demandé si je n'étais pas trop fatigué et il a voulu savoir aussi l'âge de maman. J'ai dit «une soixantaine d'années», pour ne pas me tromper et je ne sais pas pourquoi il a eu l'air d'être soulagé et de considérer que c'était une affaire terminée.

Il y avait un tas de connaissements qui s'amoncelaient sur ma table et il a fallu que je les dépouille tous. Avant de quitter le bureau pour aller déjeuner, je me suis lavé les mains. A midi, j'aime bien ce moment. Le soir, j'y trouve moins de plaisir parce que la serviette roulante qu'on utilise est tout à fait humide: elle a servi toute la journée. J'en ai fait la remarque un jour à mon patron. Il m'a répondu qu'il trouvait cela regrettable, mais que c'était tout de même un détail sans importance. Je suis sorti un peu tard, à midi et demi, avec Emmanuel, qui travaille à l'expédition. Le bureau donne sur la mer et nous avons perdu un moment à regarder les cargos dans le port brûlant de soleil. A ce moment, un camion est arrivé dans un fracas de chaînes et d'explosions. Emmanuel m'a demandé «si on y allait» et je me suis mis à courir. Le camion nous a dépassés et nous nous sommes lancés à sa poursuite. J'étais noyé dans le bruit et la poussière. Je ne voyais plus rien et ne sentais que cet élan désordonné de la course, au milieu des treuils et des machines, des mâts qui dansaient sur l'horizon et des coques que nous longions. J'ai pris appui le premier et j'ai sauté au vol. Puis j'ai aidé Emmanuel à s'asseoir. Nous étions hors de souffle, le camion sautait sur les pavés inégaux du quai, au milieu de la poussière et du soleil. Emmanuel riait à perdre haleine.

Nous sommes arrivés en nage chez Céleste. Il était toujours là, avec son gros ventre, son tablier et ses moustaches blanches. Il m'a demandé si «ça allait quand même». Je lui ai dit que oui et que j'avais faim. J'ai mangé très vite et j'ai pris du café. Puis je suis rentré chez moi, j'ai dormi un peu parce que j'avais trop bu de vin et, en me réveillant, j'ai eu envie de fumer. Il était tard et j'ai couru pour attraper un tram. J'ai travaillé tout l'après-midi. Il faisait très chaud dans le bureau et le soir, en sortant, j'ai été heu-

j'ai beaucoup travaillé ... Voici un des rares exemples où le passé composé indique un fait achevé **le connaissement** Seefrachtbrief **s'amonceler** s'amasser (sich (an)-häufen, stapeln) **dépouiller qch** examiner minutieusement, faire l'examen détaillé de **le cargo** *(mar.)* bateau qui ne transporte que les marchandises (Frachter) **le fracas** bruit très fort (Lärm, Getöse) **être noyé dans** disparaître **le treuil** Winde, Spill **la coque** *(mar.)* ici: bateau de petite taille (Boot) **en nage** trempé de sueur (wie in Schweiß gebadet)

reux de revenir en marchant lentement le long des quais. Le ciel était vert, je me sentais content. Tout de même, je suis rentré directement chez moi parce que je voulais me préparer des pommes de terre bouillies.

En montant, dans l'escalier noir, j'ai heurté le vieux Salamano, mon voisin de palier. Il était avec son chien. Il y a huit ans qu'on les voit ensemble. L'épagneul a une maladie de peau, le rouge, je crois, qui lui fait perdre presque tous ses poils et qui le couvre de plaques et de croûtes brunes. A force de vivre avec lui, seuls tous les deux dans une petite chambre, le vieux Salamano a fini par lui ressembler. Il a des croûtes rougeâtres sur le visage et le poil jaune et rare. Le chien, lui, a pris de son patron une sorte d'allure voûtée, le museau en avant et le cou tendu. Ils ont l'air de la même race et pourtant ils se détestent. Deux fois par jour, à onze heures et à six heures, le vieux mène son chien promener. Depuis huit ans, ils n'ont pas changé leur itinéraire. On peut les voir le long de la rue de Lyon, le chien tirant l'homme jusqu'à ce que le vieux Salamano bute. Il bat son chien alors et il l'insulte. Le chien rampe de frayeur et se laisse traîner. A ce moment, c'est au vieux de le tirer. Quand le chien a oublié, il entraîne de nouveau son maître et il est de nouveau battu et insulté. Alors, ils restent tous les deux sur le trottoir et ils se regardent, le chien avec terreur, l'homme avec haine. C'est ainsi tous les jours. Quand le chien veut uriner, le vieux ne lui en laisse pas le temps et il le tire, l'épagneul semant derrière lui une traînée de petites gouttes. Si par hasard le chien fait dans la chambre, alors il est encore battu. Il y a huit ans que cela dure. Céleste dit toujours que «c'est malheureux», mais au fond, personne ne peut savoir. Quand je l'ai rencontré dans l'escalier, Salamano était en train d'insulter son chien. Il lui disait: «Salaud! Charogne!» et le chien gémissait. J'ai dit: «Bonsoir», mais le vieux insultait toujours. Alors je lui ai demandé ce que le chien lui avait fait. Il ne m'a pas répondu. Il disait seulement: «Salaud! Charogne!» Je le devinais, penché sur son chien, en train d'arranger quelque chose sur le collier. J'ai parlé plus fort. Alors sans se retourner, il m'a répondu avec une sorte de rage rentrée: «Il est toujours là.» Puis il est parti en tirant la bête qui se laissait traîner sur ses quatre pattes, et gémissait.

le palier la plate-forme à chaque étage d'un immeuble qui permet l'accès aux appartements (Treppenabsatz) **un épagneul** chien originaire d'Espagne (Spaniel) **le rouge** maladie de peau des chiens (Brand) **la croûte** *(méd.)* Kruste, Schorf **voûté,e** *(par ext.)* courbé **le museau** Schnauze **buter** manquer de tomber (stolpern) **ramper** avancer, coucher sur le sol, en se traînant sur le ventre (kriechen, sich winden) **c'est malheureux** sens: es ist ein Jammer **la charogne** mot d'injure extrêmement grossier (Aas, Luder) **(une rage) rentrée** qui ne se manifeste pas extérieurement (unterdrückt, verhalten)

Juste à ce moment est entré mon deuxième voisin de palier. Dans le quartier, on dit qu'il vit des femmes. Quand on lui demande son métier, pourtant, il est «magasinier». En général, il n'est guère aimé. Mais il me parle souvent et quelquefois il passe un moment chez moi parce que je l'écoute. Je trouve que ce qu'il dit est intéressant. D'ailleurs, je n'ai aucune raison de ne pas lui parler. Il s'appelle Raymond Sintès. Il est assez petit, avec de larges épaules et un nez de boxeur. Il est toujours habillé très correctement. Lui aussi m'a dit, en parlant de Salamano: «Si c'est pas malheureux!» Il m'a demandé si ça ne me dégoûtait pas et j'ai répondu que non.

Nous sommes montés et j'allais le quitter quand il m'a dit: «J'ai chez moi du boudin et du vin. Si vous voulez manger un morceau avec moi? ...» J'ai pensé que cela m'éviterait de faire ma cuisine et j'ai accepté. Lui aussi n'a qu'une chambre, avec une cuisine sans fenêtre. Au-dessus de son lit, il a un ange en stuc blanc et rose, des photos de champions et deux ou trois clichés de femmes nues. La chambre était sale et le lit défait. Il a d'abord allumé sa lampe à pétrole, puis il a sorti un pansement assez douteux de sa poche et a enveloppé sa main droite. Je lui ai demandé ce qu'il avait. Il m'a dit qu'il avait eu une bagarre avec un type qui lui cherchait des histoires.

«Vous comprenez, monsieur Meursault, m'a-t-il dit, c'est pas que je suis méchant, mais je suis vif. L'autre, il m'a dit: «Descends du tram si tu es un homme.» Je lui ai dit: «Allez, reste tranquille.» Il m'a dit que je n'étais pas un homme. Alors je suis descendu et je lui ai dit: «Assez, ça vaut mieux, ou je vais te mûrir.» Il m'a répondu: «De quoi?» Alors je lui en ai donné un. Il est tombé. Moi, j'allais le relever. Mais il m'a donné des coups de pied de par terre. Alors je lui ai donné un coup de genou et deux taquets. Il avait la figure en sang. Je lui ai demandé s'il avait son compte. Il m'a dit: «Oui.» Pendant tout ce temps, Sintès arrangeait son pansement. J'étais assis sur le lit. Il m'a dit: «Vous voyez que je ne l'ai pas cherché. C'est lui qui m'a manqué.» C'était vrai et je l'ai reconnu. Alors il m'a déclaré que, justement, il voulait me demander un conseil au sujet de cette affaire, que moi, j'étais un homme, je connaissais la vie, que je pouvais l'aider et qu'ensuite il serait mon copain. Je n'ai rien dit et il m'a deman-

le magasinier Lagerist **le boudin** (Blut)wurst **le stuc** matière qui imite le marbre (Gips) **le cliché** ici: photographie **le pansement** Verband **la bagarre** querelle avec coup (Schlägerei) **mûrir** *(arg. vulg.)* battre, rosser (fertig machen, windelweich schlagen) **de quoi?** *(pop.)* formule interrogative avec une nuance de menace (was denn? was willst du denn schon?) **le taquet** *(arg.)* fort coup de poing (Faustschlag) **avoir son compte** *(pop.)* en avoir assez, avoir reçu assez de coups **chercher qn** *(fam.)* le provoquer **manquer à qn** l'offenser (jem. beleidigen, kränken)

dé encore si je voulais être son copain. J'ai dit que ça m'était égal: il a eu l'air content. Il a sorti du boudin, il l'a fait cuire à la poêle, et il a installé des verres, des assiettes, des couverts et deux bouteilles de vin. Tout cela en silence. Puis nous nous sommes installés. En mangeant, il a commencé à me raconter son histoire. Il hésitait d'abord un peu. «J'ai connu une dame ... c'était pour autant dire ma maîtresse.» L'homme avec qui il s'était battu était le frère de cette femme. Il m'a dit qu'il l'avait entretenue. Je n'ai rien répondu et pourtant il a ajouté tout de suite qu'il savait ce qu'on disait dans le quartier, mais qu'il avait sa conscience pour lui et qu'il était magasinier.

«Pour en venir à mon histoire, m'a-t-il dit, je me suis aperçu qu'il y avait de la tromperie.» Il lui donnait juste de quoi vivre. Il payait lui-même le loyer de sa chambre et il lui donnait vingt francs par jour pour la nourriture. «Trois cents francs de chambre, six cents francs de nourriture, une paire de bas de temps en temps, ça faisait mille francs. Et madame ne travaillait pas. Mais elle me disait que c'était juste, qu'elle n'arrivait pas avec ce que je lui donnais. Pourtant, je lui disais: «Pourquoi tu travailles pas une demi-journée? Tu me soulagerais bien pour toutes ces petites choses. Je t'ai acheté un ensemble ce mois-ci, je te paye vingt francs par jour, je te paye le loyer et toi, tu prends le café l'après-midi avec tes amies. Tu leur donnes le café et le sucre. Moi, je te donne l'argent. J'ai bien agi avec toi et tu me le rends mal.» Mais elle ne travaillait pas, elle disait toujours qu'elle n'arrivait pas et c'est comme ça que je me suis aperçu qu'il y avait de la tromperie.»

Il m'a alors raconté qu'il avait trouvé un billet de loterie dans son sac et qu'elle n'avait pas pu lui expliquer comment elle l'avait acheté. Un peu plus tard, il avait trouvé chez elle «une indication» du mont-de-piété qui prouvait qu'elle avait engagé deux bracelets. Jusque-là, il ignorait l'existence de ces bracelets. J'ai bien vu qu'il y avait de la tromperie. Alors, je l'ai quittée. Mais d'abord, je l'ai tapée. Et puis, je lui ai dit ses vérités. Je lui ai dit que tout ce qu'elle voulait, c'était s'amuser avec sa chose. Comme je lui ai dit, vous comprenez, monsieur Meursault: «Tu ne vois pas que le monde il est jaloux du bonheur que je te donne. Tu connaîtras plus tard le bonheur que tu avais.»

pour autant dire sozusagen **entretenir (une femme)** aushalten **il avait sa conscience pour lui** il n'avait rien à se reprocher **un ensemble** une veste et une jupe faites dans le même tissu (Kombination, Kostüm) **une indication** Pfandschein **le mont-de-piété** Leihamt, Pfandhaus **engager** verpfänden **taper qn** *(fam.)* le battre, le frapper de la main **la chose** *(vulg.)* par son indétermination même, ‹chose› peut se substituer à n'importe quel autre terme dont on veut éviter l'emploi (Dings(da), Dingsbums)

Il l'avait battue jusqu'au sang. Auparavant, il ne la battait pas. «Je la tapais, mais tendrement pour ainsi dire. Elle criait un peu. Je fermais les volets et ça finissait comme toujours. Mais maintenant, c'est sérieux. Et pour moi, je l'ai pas assez punie.»

Il m'a expliqué alors que c'était pour cela qu'il avait besoin d'un conseil. Il s'est arrêté pour régler la mèche de la lampe qui charbonnait. Moi, je l'écoutais toujours. J'avais bu près d'un litre de vin et j'avais très chaud aux tempes. Je fumais les cigarettes de Raymond parce qu'il ne m'en restait plus. Les derniers trams passaient et emportaient avec eux les bruits maintenant lointains du faubourg. Raymond a continué. Ce qui l'ennuyait, «c'est qu'il avait encore un sentiment pour son coït». Mais il voulait la punir. Il avait d'abord pensé à l'emmener dans un hôtel et à appeler les «mœurs» pour causer un scandale et la faire mettre en carte. Ensuite, il s'était adressé à des amis qu'il avait dans le milieu. Ils n'avaient rien trouvé. Et comme me le faisait remarquer Raymond, c'était bien la peine d'être du milieu. Il le leur avait dit et ils avaient alors proposé de la «marquer». Mais ce n'était pas ce qu'il voulait. Il allait réfléchir. Auparavant il voulait me demander quelque chose. D'ailleurs, avant de me le demander, il voulait savoir ce que je pensais de cette histoire. J'ai répondu que je n'en pensais rien mais que c'était intéressant. Il m'a demandé si je pensais qu'il y avait de la tromperie, et moi, il me semblait bien qu'il y avait de la tromperie, si je trouvais qu'on devait la punir et ce que je ferais à sa place, je lui ai dit qu'on ne pouvait jamais savoir, mais je comprenais qu'il veuille la punir. J'ai encore bu un peu de vin. Il a allumé une cigarette et il m'a découvert son idée. Il voulait lui écrire une lettre «avec des coups de pied et en même temps des choses pour la faire regretter». Après, quand elle reviendrait, il coucherait avec elle et «juste au moment de finir» il lui cracherait à la figure et il la mettrait dehors. J'ai trouvé qu'en effet, de cette façon, elle serait punie. Mais Raymond m'a dit qu'il ne se sentait pas capable de faire la lettre qu'il fallait et qu'il avait pensé à moi pour la rédiger. Comme je ne disais rien, il m'a demandé si cela m'ennuierait de la faire tout de suite et j'ai répondu que non.

Il s'est alors levé après avoir bu un verre de vin. Il a repoussé les assiettes et le peu de boudin froid que nous avions laissé. Il a soigneusement essuyé la toile cirée de la table. Il a pris dans un tiroir de sa table de nuit

la mèche Docht **charbonner** kohlen, rußen **avoir un sentiment pour son coït** il avait encore envie de coucher avec elle **appeler les mœurs** *(arg. f.)* die «Sitte» (Sittenpolizei) holen **mettre en carte** soumettre au contrôle de la police des mœurs (registrieren) **le milieu** *(arg.)* le monde des souteneurs et des prostituées **c'est la peine** c'est assez important **marquer** *(arg.)* battre; faire des ‹marques› sur le visage et sur le corps **le coup de pied** *(fig.)* lâche insulte **la toile cirée** Wachstuch

une feuille de papier quadrillé, une enveloppe jaune, un petit porte-plume de bois rouge et un encrier carré d'encre violette. Quand il m'a dit le nom de la femme, j'ai vu que c'était une Mauresque. J'ai fait la lettre. Je l'ai écrite un peu au hasard, mais je me suis appliqué à contenter Raymond parce que je n'avais pas de raison de ne pas le contenter. Puis j'ai lu la lettre à haute voix. Il m'a écouté en fumant et en hochant la tête, puis il m'a demandé de la relire. Il a été tout à fait content. Il m'a dit: «Je savais bien que tu connaissais la vie.» Je ne me suis pas aperçu d'abord qu'il me tutoyait. C'est seulement quand il m'a déclaré: «Maintenant, tu es un vrai copain», que cela m'a frappé. Il a répété sa phrase et j'ai dit: «Oui.» Cela m'était égal d'être son copain et il avait vraiment l'air d'en avoir envie. Il a cacheté la lettre et nous avons fini le vin. Puis nous sommes restés un moment à fumer sans rien dire. Au-dehors, tout était calme, nous avons entendu le glissement d'une auto qui passait. J'ai dit: «Il est tard.» Raymond le pensait aussi. Il a remarqué que le temps passait vite et, dans un sens, c'était vrai. J'avais sommeil, mais j'avais de la peine à me lever. J'ai dû avoir l'air fatigué parce que Raymond m'a dit qu'il ne fallait pas se laisser aller. D'abord, je n'ai pas compris. Il m'a expliqué alors qu'il avait appris la mort de maman mais que c'était une chose qui devait arriver un jour ou l'autre. C'était aussi mon avis.

Je me suis levé, Raymond m'a serré la main très fort et m'a dit qu'entre hommes on se comprenait toujours. En sortant de chez lui, j'ai refermé la porte et je suis resté un moment dans le noir, sur le palier. La maison était calme et des profondeurs de la cage d'escalier montait un souffle obscur et humide. Je n'entendais que les coups de mon sang qui bourdonnait à mes oreilles. Je suis resté immobile. Mais dans la chambre du vieux Salamano, le chien a gémi sourdement.

IV

J'ai bien travaillé toute la semaine, Raymond est venu et m'a dit qu'il avait envoyé la lettre. Je suis allé au cinéma deux fois avec Emmanuel qui ne comprend pas toujours ce qui se passe sur l'écran. Il faut alors lui donner des explications. Hier, c'était samedi et Marie est venue, comme nous en

quadrillé,e divisé en carrés **la Mauresque** Arabe (d'origine maure, musulmane) En français d'Algérie (avant 1960), on appelait mauresques les employées de maison dans une famille européenne **s'appliquer à** mettre toute son attention à **cacheter (une lettre)** la fermer en la collant **la cage d'escalier** Treppenhaus **bourdonner** *(par ext.)* émettre un son grave et continu, vibrant (dröhnen, rauschen)

étions convenus. J'ai eu très envie d'elle parce qu'elle avait une belle robe à raies rouges et blanches et des sandales de cuir. On devinait ses seins durs et le brun du soleil lui faisait un visage de fleur. Nous avons pris un autobus et nous sommes allés à quelques kilomètres d'Alger, sur une plage resserrée entre des rochers et bordée de roseaux du côté de la terre. Le soleil de quatre heures n'était pas trop chaud, mais l'eau était tiède, avec de petites vagues longues et paresseuses. Marie m'a appris un jeu. Il fallait, en nageant, boire à la crête des vagues, accumuler dans sa bouche toute l'écume et se mettre ensuite sur le dos pour la projeter contre le ciel. Cela faisait alors une dentelle mousseuse qui disparaissait dans l'air ou me retombait en pluie tiède sur le visage. Mais au bout de quelque temps, j'avais la bouche brûlée par l'amertume du sel. Marie m'a rejoint alors et s'est collée à moi dans l'eau. Elle a mis sa bouche contre la mienne. Sa langue rafraîchissait mes lèvres et nous nous sommes roulés dans les vagues pendant un moment.

Quand nous nous sommes rhabillés sur la plage, Marie me regardait avec des yeux brillants. Je l'ai embrassée. A partir de ce moment, nous n'avons plus parlé. Je l'ai tenue contre moi et nous avons été pressés de trouver un autobus, de rentrer, d'aller chez moi et de nous jeter sur mon lit. J'avais laissé ma fenêtre ouverte et c'était bon de sentir la nuit d'été couler sur nos corps bruns.

Ce matin, Marie est restée et je lui ai dit que nous déjeunerions ensemble. Je suis descendu pour acheter de la viande. En remontant, j'ai entendu une voix de femme dans la chambre de Raymond. Un peu après, le vieux Salamano a grondé son chien, nous avons entendu un bruit de semelles et de griffes sur les marches en bois de l'escalier et puis: «Salaud, charogne», ils sont sortis dans la rue. J'ai raconté à Marie l'histoire du vieux et elle a ri. Elle avait un de mes pyjamas dont elle avait retroussé les manches. Quand elle a ri, j'ai eu encore envie d'elle. Un moment après, elle m'a demandé si je l'aimais. Je lui ai répondu que cela ne voulait rien dire, mais qu'il me semblait que non. Elle a eu l'air triste. Mais en préparant le déjeuner, et à propos de rien, elle a encore ri de telle façon que je l'ai embrassée. C'est à ce moment que les bruits d'une dispute ont éclaté chez Raymond.

On a d'abord entendu une voix aiguë de femme et puis Raymond qui disait: «Tu m'as manqué, tu m'as manqué. Je vais t'apprendre à me manquer.» Quelques bruits sourds et la femme a hurlé, mais de si terrible façon qu'immédiatement le palier s'est empli de monde. Marie et moi nous

resserré,e enfermé dans des limites étroites **la crête (des vagues)** Wellenkamm **une écume** Schaum **une amertume** saveur amère (Bitterkeit) **gronder qn** faire des reproches **la semelle** (Schuh-)Sohle **la griffe** patte (Kralle)

sommes sortis aussi. La femme criait toujours et Raymond frappait toujours. Marie m'a dit que c'était terrible et je n'ai rien répondu. Elle m'a demandé d'aller chercher un agent, mais je lui ai dit que je n'aimais pas les agents. Pourtant, il en est arrivé un avec le locataire du deuxième qui est plombier. Il a frappé à la porte et on n'a plus rien entendu. Il a frappé plus fort et au bout d'un moment, la femme a pleuré et Raymond a ouvert. Il avait une cigarette à la bouche et l'air doucereux. La fille s'est précipitée à la porte et a déclaré à l'agent que Raymond l'avait frappée. «Ton nom», a dit l'agent. Raymond a répondu. «Enlève ta cigarette de la bouche quand tu me parles», a dit l'agent. Raymond a hésité, m'a regardé et a tiré sur sa cigarette. A ce moment, l'agent l'a giflé à toute volée d'une claque épaisse et lourde, en pleine joue. La cigarette est tombée quelques mètres plus loin. Raymond a changé de visage, mais il n'a rien dit sur le moment et puis il a demandé d'une voix humble s'il pouvait ramasser son mégot. L'agent a déclaré qu'il le pouvait et il a ajouté: «Mais la prochaine fois, tu sauras qu'un agent n'est pas un guignol.» Pendant ce temps, la fille pleurait et elle a répété: «Il m'a tapée. C'est un maquereau.» – «Monsieur l'agent, a demandé alors Raymond, c'est dans la loi, ça de dire maquereau à un homme?» Mais l'agent lui a ordonné «de fermer sa gueule». Raymond s'est alors retourné vers la fille et il lui a dit: «Attends, petite, on se retrouvera.» L'agent lui a dit de fermer ça, que la fille devait partir et lui rester dans sa chambre en attendant d'être convoqué au commissariat. Il a ajouté que Raymond devrait avoir honte d'être soûl au point de trembler comme il le faisait. A ce moment, Raymond lui a expliqué: «Je ne suis pas soûl, monsieur l'agent. Seulement, je suis là, devant vous, et je tremble, c'est forcé.» Il a fermé sa porte et tout le monde est parti. Marie et moi avons fini de préparer le déjeuner. Mais elle n'avait pas faim, j'ai presque tout mangé. Elle est partie à une heure et j'ai dormi un peu.

Vers trois heures, on a frappé à ma porte et Raymond est entré. Je suis resté couché. Il s'est assis sur le bord de mon lit. Il est resté un moment sans parler et je lui ai demandé comment son affaire s'était passée. Il m'a raconté qu'il avait fait ce qu'il voulait mais qu'elle lui avait donné une gifle et qu'alors il l'avait battue. Pour le reste, je l'avais vu. Je lui ai dit qu'il me semblait que maintenant elle était punie et qu'il devait être content. C'était aussi son avis, et il a observé que l'agent avait beau faire, il ne

le plombier Klempner **(un air) doucereux** *(fig.)* d'une douceur affectée **à toute volée** avec violence (mit voller Wucht) **la claque** *(fig.)* gifle (Ohrfeige) **le mégot** *(pop.)* bout de cigarette qu'on a fini de fumer (Kippe) **le guignol** *(fig.)* personne drôle et ridicule (Hampelmann) **le maquereau** *(arg.)* souteneur (Zuhälter) **fermer ça** *(pop.)* se taire **c'est forcé** *(fam.)* c'est évident, inévitable (garantiert, ganz klar) **(l'agent) avait beau faire** konnte machen, was er wollte

changerait rien aux coups qu'elle avait reçus. Il a ajouté qu'il connaissait bien les agents et qu'il savait comment il fallait s'y prendre avec eux. Il m'a demandé alors si j'avais attendu qu'il réponde à la gifle de l'agent. J'ai répondu que je n'attendais rien du tout et que d'ailleurs je n'aimais pas les agents. Raymond a eu l'air très content. Il m'a demandé si je voulais sortir avec lui. Je me suis levé et j'ai commencé à me peigner. Il m'a dit qu'il fallait que je lui serve de témoin. Moi cela m'était égal, mais je ne savais pas ce que je devais dire. Selon Raymond, il suffisait de déclarer que la fille lui avait manqué. J'ai accepté de lui servir de témoin.

Nous sommes sortis et Raymond m'a offert une fine. Puis il a voulu faire une partie de billard et j'ai perdu de justesse. Il voulait ensuite aller au bordel, mais j'ai dit non parce que je n'aime pas ça. Alors nous sommes rentrés doucement et il me disait combien il était content d'avoir réussi à punir sa maîtresse. Je le trouvais très gentil avec moi et j'ai pensé que c'était un bon moment.

De loin, j'ai aperçu sur le pas de la porte le vieux Salamano qui avait l'air agité. Quand nous nous sommes rapprochés, j'ai vu qu'il n'avait pas son chien. Il regardait de tous les côtés, tournait sur lui-même, tentait de percer le noir du couloir, marmonnait des mots sans suite et recommençait à fouiller la rue de ses petits yeux rouges. Quand Raymond lui a demandé ce qu'il avait, il n'a pas répondu tout de suite. J'ai vaguement entendu qu'il murmurait: «Salaud, charogne», et il continuait à s'agiter. Je lui ai demandé où était son chien. Il m'a répondu brusquement qu'il était parti. Et puis tout d'un coup, il a parlé avec volubilité: «Je l'ai emmené au Champ de Manœuvres, comme d'habitude. Il y avait du monde, autour des baraques foraines. Je me suis arrêté pour regarder «le Roi de l'Evasion». Et quand j'ai voulu repartir, il n'était plus là. Bien sûr, il y a longtemps que je voulais lui acheter un collier moins grand. Mais je n'aurais jamais cru que cette charogne pourrait partir comme ça.»

Raymond lui a expliqué alors que le chien avait pu s'égarer et qu'il allait revenir. Il lui a cité des exemples de chiens qui avaient fait des dizaines de kilomètres pour retrouver leur maître. Malgré cela, le vieux a eu l'air plus agité. «Mais ils me le prendront, vous comprenez. Si encore quelqu'un le recueillait. Mais ce n'est pas possible, il dégoûte tout le monde avec ses croûtes. Les agents le prendront, c'est sûr.» Je lui ai dit alors qu'il devait aller à la fourrière et qu'on le lui rendrait moyennant le paiement

la fine(-champagne) Feiner Weinbrand **de justesse** pour un peu (so eben, knapp) **marmonner** *(fam.)* murmurer sourdement entre ses dents, avec hostilité (murmeln, brummeln) **fouiller (des yeux)** chercher, explorer soigneusement **la volubilité** rapidité et facilité (de parole) **le Champ de Manœuvres** Exerzierplatz **la baraque foraine** Jahrmarktsbude **la fourrière** lieu de dépôt des animaux que l'on a saisis (Pfandstall, Tierheim)

de quelques droits. Il m'a demandé si ces droits étaient élevés. Je ne savais pas. Alors, il s'est mis en colère: «Donner de l'argent pour cette charogne. Ah! il peut bien crever!» Et il s'est mis à l'insulter. Raymond a ri et a pénétré dans la maison. Je l'ai suivi et nous nous sommes quittés sur le palier de l'étage. Un moment après, j'ai entendu le pas du vieux et il a frappé à ma porte. Quand j'ai ouvert, il est resté un moment sur le seuil et il m'a dit: «Excusez-moi, excusez-moi.» Je l'ai invité à entrer, mais il n'a pas voulu. Il regardait la pointe de ses souliers et ses mains croûteuses tremblaient. Sans me faire face, il m'a demandé: «Ils ne vont pas me le prendre, dites, monsieur Meursault. Ils vont me le rendre. Ou qu'est-ce que je vais devenir?» Je lui ai dit que la fourrière gardait les chiens trois jours à la disposition de leurs propriétaires et qu'ensuite elle en faisait ce que bon lui semblait. Il m'a regardé en silence. Puis il m'a dit: «Bonsoir.» Il a fermé sa porte et je l'ai entendu aller et venir. Son lit a craqué. Et au bizarre petit bruit qui a traversé la cloison, j'ai compris qu'il pleurait. Je ne sais pas pourquoi j'ai pensé à maman. Mais il fallait que je me lève tôt le lendemain. Je n'avais pas faim et je me suis couché sans dîner.

V

Raymond m'a téléphoné au bureau. Il m'a dit qu'un de ses amis (il lui avait parlé de moi) m'invitait à passer la journée de dimanche dans son cabanon, près d'Alger. J'ai répondu que je le voulais bien, mais que j'avais promis ma journée à une amie. Raymond m'a tout de suite déclaré qu'il l'invitait aussi. La femme de son ami serait très contente de ne pas être seule au milieu d'un groupe d'hommes.

J'ai voulu raccrocher tout de suite parce que je sais que le patron n'aime pas qu'on nous téléphone de la ville. Mais Raymond m'a demandé d'attendre et il m'a dit qu'il aurait pu me transmettre cette invitation le soir, mais qu'il voulait m'avertir d'autre chose. Il avait été suivi toute la journée par un groupe d'Arabes parmi lesquels se trouvait le frère de son ancienne maîtresse. «Si tu le vois près de la maison ce soir en rentrant, avertis-moi.» J'ai dit que c'était entendu.

Peu après, le patron m'a fait appeler et, sur le moment, j'ai été ennuyé parce que j'ai pensé qu'il allait me dire de moins téléphoner et de mieux travailler. Ce n'était pas cela du tout. Il m'a déclaré qu'il allait me parler d'un projet encore très vague. Il voulait seulement avoir mon avis sur la

le droit Gebühr **la cloison** mur peu épais et léger servant à former les divisions intérieures d'un bâtiment (Zwischenwand) **le cabanon** petite maison à la campagne, dans les pays méditerranéens (kleines Landhaus)

question. Il avait l'intention d'installer un bureau à Paris qui traiterait ses affaires sur la place, et directement, avec les grandes compagnies et il voulait savoir si j'étais disposé à y aller. Cela me permettrait de vivre à Paris et aussi de voyager une partie de l'année. «Vous êtes jeune, et il me semble que c'est une vie qui doit vous plaire.» J'ai dit que oui mais que dans le fond cela m'était égal. Il m'a demandé alors si je n'étais pas intéressé par un changement de vie. J'ai répondu qu'on ne changeait jamais de vie, qu'en tout cas toutes se valaient et que la mienne ici ne me déplaisait pas du tout. Il a eu l'air mécontent, m'a dit que je répondais toujours à côté, que je n'avais pas d'ambition et que cela était désastreux dans les affaires. Je suis retourné travailler alors. J'aurais préféré ne pas le mécontenter, mais je ne voyais pas de raison pour changer ma vie. En y réfléchissant bien, je n'étais pas malheureux. Quand j'étais étudiant, j'avais beaucoup d'ambitions de ce genre. Mais quand j'ai dû abandonner mes études, j'ai très vite compris que tout cela était sans importance réelle.

Le soir, Marie est venue me chercher et m'a demandé si je voulais me marier avec elle. J'ai dit que cela m'était égal et que nous pourrions le faire si elle le voulait. Elle a voulu savoir alors si je l'aimais. J'ai répondu comme je l'avais déjà fait une fois, que cela ne signifiait rien mais que sans doute je ne l'aimais pas. «Pourquoi m'épouser alors?» a-t-elle dit. Je lui ai expliqué que cela n'avait aucune importance et que si elle le désirait, nous pouvions nous marier. D'ailleurs, c'était elle qui le demandait et moi je me contentais de dire oui. Elle a observé alors que le mariage était une chose grave. J'ai répondu: «Non.» Elle s'est tue un moment et elle m'a regardé en silence. Puis elle a parlé. Elle voulait simplement savoir si j'aurais accepté la même proposition venant d'une autre femme, à qui je serais attaché de la même façon. J'ai dit: «Naturellement.» Elle s'est demandé alors si elle m'aimait et moi, je ne pouvais rien savoir sur ce point. Après un autre moment de silence, elle a murmuré que j'étais bizarre, qu'elle m'aimait sans doute à cause de cela mais que peut-être un jour je la dégoûterais pour les mêmes raisons. Comme je me taisais, n'ayant rien à ajouter, elle m'a pris le bras en souriant et elle a déclaré qu'elle voulait se marier avec moi. J'ai répondu que nous le ferions dès qu'elle le voudrait. Je lui ai parlé alors de la proposition du patron et Marie m'a dit qu'elle aimerait connaître Paris. Je lui ai appris que j'y avais vécu dans un temps et elle m'a demandé comment c'était. Je lui ai dit: «C'est sale. Il y a des pigeons et des cours noires. Les gens ont la peau blanche.»

sur la place sens: à Paris même (an Ort und Stelle) **être disposé à** avoir envie de, accepter de **se valoir** avoir la même valeur **(répondre) à côté** à côté du sujet; donner une fausse réponse **désastreux,euse** très mauvais, catastrophique **Quand j'étais étudiant ...** une des rares vues rétrospectives de Meursault **dans un temps** dans une période de mon passé (früher mal)

Puis nous avons marché et traversé la ville par ses grandes rues. Les femmes étaient belles et j'ai demandé à Marie si elle le remarquait. Elle m'a dit que oui et qu'elle me comprenait. Pendant un moment, nous n'avons plus parlé. Je voulais cependant qu'elle reste avec moi et je lui ai dit que nous pouvions dîner ensemble chez Céleste. Elle en avait bien envie, mais elle avait à faire. Nous étions près de chez moi et je lui ai dit au revoir. Elle m'a regardé: «Tu ne veux pas savoir ce que j'ai à faire?» Je voulais bien le savoir, mais je n'y avais pas pensé et c'est ce qu'elle avait l'air de me reprocher. Alors, devant mon air empêtré, elle a encore ri et elle a eu vers moi un mouvement de tout le corps pour me tendre sa bouche.

J'ai dîné chez Céleste. J'avais déjà commencé à manger lorsqu'il est entré une bizarre petite femme qui m'a demandé si elle pouvait s'asseoir à ma table. Naturellement, elle le pouvait. Elle avait des gestes saccadés et des yeux brillants dans une petite figure de pomme. Elle s'est débarrassée de sa jaquette, s'est assise et a consulté fiévreusement la carte. Elle a appelé Céleste et a commandé immédiatement tous ses plats d'une voix à la fois précise et précipitée. En attendant les hors-d'œuvre, elle a ouvert son sac, en a sorti un petit carré de papier et un crayon, a fait d'avance l'addition, puis a tiré d'un gousset, augmentée du pourboire, la somme exacte qu'elle a placée devant elle. A ce moment, on lui a apporté des hors-d'œuvre qu'elle a engloutis à toute vitesse. En attendant le plat suivant, elle a encore sorti de son sac un crayon bleu et un magazine qui donnait les programmes radiophoniques de la semaine. Avec beaucoup de soin, elle a coché une à une presque toutes les émissions. Comme le magazine avait une douzaine de pages, elle a continué ce travail méticuleusement pendant tout le repas. J'avais déjà fini qu'elle cochait encore avec la même application. Puis elle s'est levée, a remis sa jaquette avec les mêmes gestes précis d'automate et elle est partie. Comme je n'avais rien à faire, je suis sorti aussi et je l'ai suivie un moment. Elle s'était placée sur la bordure du trottoir et avec une vitesse et une sûreté incroyables, elle suivait son chemin sans dévier et sans se retourner. J'ai fini par la perdre de vue et par revenir sur mes pas. J'ai pensé qu'elle était bizarre, mais je l'ai oubliée assez vite.

Sur le pas de ma porte, j'ai trouvé le vieux Salamano. Je l'ai fait entrer et il m'a appris que son chien était perdu, car il n'était pas à la fourrière. Les employés lui avaient dit que, peut-être, il avait été écrasé. Il avait

bizarre étrange **saccadé,e** *(péj.)* brusque et irrégulier (abgehackt, ruckartig) **précipité,e** rapide, hâté (überstürzt, hastig) **le carré** petit morceau **le gousset** petite poche (Westen-)Tasche **engloutir** avaler très rapidement **cocher qch** mettre un signe devant qch (ankreuzen, anstreichen) **méticuleusement** *(adv.)* avec beaucoup de soin **dévier** se détourner de la direction normale **revenir sur ses pas** *(fig.)* retourner

demandé s'il n'était pas possible de le savoir dans les commissariats. On lui avait répondu qu'on ne gardait pas trace de ces choses-là, parce qu'elles arrivaient tous les jours. J'ai dit au vieux Salamano qu'il pourrait avoir un autre chien, mais il a eu raison de me faire remarquer qu'il était habitué à celui-là.

J'étais accroupi sur mon lit et Salamano s'était assis sur une chaise devant la table. Il me faisait face et il avait ses deux mains sur les genoux. Il avait gardé son vieux feutre. Il mâchonnait des bouts de phrases sous sa moustache jaunie. Il m'ennuyait un peu, mais je n'avais rien à faire et je n'avais pas sommeil. Pour dire quelque chose, je l'ai interrogé sur son chien. Il m'a dit qu'il l'avait eu après la mort de sa femme. Il s'était marié assez tard. Dans sa jeunesse, il avait eu envie de faire du théâtre: au régiment il jouait dans les vaudevilles militaires. Mais finalement, il était entré dans les chemins de fer et il ne le regrettait pas, parce que maintenant il avait une petite retraite. Il n'avait pas été heureux avec sa femme, mais dans l'ensemble il s'était bien habitué à elle. Quand elle était morte, il s'était senti très seul. Alors, il avait demandé un chien à un camarade d'atelier et il avait eu celui-là très jeune. Il avait fallu le nourrir au biberon. Mais comme un chien vit moins qu'un homme, ils avaient fini par être vieux ensemble. «Il avait mauvais caractère, m'a dit Salamano. De temps en temps, on avait des prises de bec. Mais c'était un bon chien quand même.» J'ai dit qu'il était de belle race et Salamano a eu l'air content. «Et encore, a-t-il ajouté, vous ne l'avez pas connu avant sa maladie. C'était le poil qu'il avait de plus beau.» Tous les soirs et tous les matins, depuis que le chien avait eu cette maladie de peau, Salamano le passait à la pommade. Mais selon lui, sa vraie maladie, c'était la vieillesse, et la vieillesse ne se guérit pas.

A ce moment, j'ai bâillé, et le vieux m'a annoncé qu'il allait partir. Je lui ai dit qu'il pouvait rester, et que j'étais ennuyé de ce qui était arrivé à son chien: il m'a remercié. Il m'a dit que maman aimait beaucoup son chien. En parlant d'elle il l'appelait «votre pauvre mère». Il a émis la supposition que je devais être bien malheureux depuis que maman était morte et je n'ai rien répondu. Il m'a dit alors, très vite et avec un air gêné, qu'il savait que dans le quartier on m'avait mal jugé parce que j'avais mis ma mère à l'asile, mais il me connaissait et il savait que j'aimais beaucoup maman. J'ai

s'accroupir s'asseoir sur les talons (sich hocken) **mâchonner** *(fig. fam.)* articuler d'une manière indistincte (in den Bart murmeln) **le vaudeville** comédie légère et divertissante (Vaudeville, Singspiel) **le camarade d'atelier** Arbeitskollege **le biberon** petite bouteille pour allaiter les bébés (**nourir au biberon** mit der Flasche großziehen, ernähren) **la prise de bec** *(fig. fam.)* querelle (heftiger Wortwechsel) **passer à la pommade** mettre de la pommade sur la peau **émettre** *(sout.)* exprimer, formuler

répondu, je ne sais pas encore pourquoi, que j'ignorais jusqu'ici qu'on me jugeât mal à cet égard, mais que l'asile m'avait paru une chose naturelle puisque je n'avais pas assez d'argent pour faire garder maman. «D'ailleurs, ai-je ajouté, il y avait longtemps qu'elle n'avait rien à me dire et qu'elle s'ennuyait toute seule. – Oui, m'a-t-il dit, et à l'asile, du moins, on se fait des camarades.» Puis il s'est excusé. Il voulait dormir. Sa vie avait changé maintenant et il ne savait pas trop ce qu'il allait faire. Pour la première fois depuis que je le connaissais, d'un geste furtif, il m'a tendu la main et j'ai senti les écailles de sa peau. Il a souri un peu et avant de partir, il m'a dit: «J'espère que les chiens n'aboieront pas cette nuit. Je crois toujours que c'est le mien.»

VI

Le dimanche, j'ai eu de la peine à me réveiller et il a fallu que Marie m'appelle et me secoue. Nous n'avons pas mangé parce que nous voulions nous baigner tôt. Je me sentais tout à fait vide et j'avais un peu mal à la tête. Ma cigarette avait un goût amer. Marie s'est moquée de moi parce qu'elle disait que j'avais «une tête d'enterrement». Elle avait mis une robe de toile blanche et lâché ses cheveux. Je lui ai dit qu'elle était belle, elle a ri de plaisir.

En descendant, nous avons frappé à la porte de Raymond. Il nous a répondu qu'il descendait. Dans la rue, à cause de ma fatigue et aussi parce que nous n'avions pas ouvert les persiennes, le jour, déjà tout plein de soleil, m'a frappé comme une gifle. Marie sautait de joie et n'arrêtait pas de dire qu'il faisait beau. Je me suis senti mieux et je me suis aperçu que j'avais faim. Je l'ai dit à Marie qui m'a montré son sac en toile cirée où elle avait mis nos deux maillots et une serviette. Je n'avais plus qu'à attendre et nous avons entendu Raymond fermer sa porte. Il avait un pantalon bleu et une chemise blanche à manches courtes. Mais il avait mis un canotier, ce qui a fait rire Marie, et ses avant-bras étaient très blancs sous les poils noirs. J'en étais un peu dégoûté. Il sifflait en descendant et il avait l'air très content. Il m'a dit: «Salut, vieux», et il a appelé Marie «mademoiselle».

La veille nous étions allés au commissariat et j'avais témoigné que la fille avait «manqué» à Raymond. Il en a été quitte pour un avertissement. On n'a pas contrôlé mon affirmation. Devant la porte, nous en avons

une écaille Schuppe **la persienne** chacun des deux volets de bois s'ouvrant en dehors des fenêtres (Fensterladen) **en être quitte pour qch** s'en tirer avec (mit etw. davonkommen)

parlé avec Raymond, puis nous avons décidé de prendre l'autobus. La plage n'était pas très loin, mais nous irions plus vite ainsi. Raymond pensait que son ami serait content de nous voir arriver tôt. Nous allions partir quand Raymond, tout d'un coup, m'a fait signe de regarder en face. J'ai vu un groupe d'Arabes adossés à la devanture du bureau de tabac. Ils nous regardaient en silence, mais à leur manière, ni plus ni moins que si nous étions des pierres ou des arbres morts. Raymond m'a dit que le deuxième à partir de la gauche était son type, et il a eu l'air préoccupé. Il a ajouté que, pourtant, c'était maintenant une histoire finie. Marie ne comprenait pas très bien et nous a demandé ce qu'il y avait. Je lui ai dit que c'étaient des Arabes qui en voulaient à Raymond. Elle a voulu qu'on parte tout de suite. Raymond s'est redressé et il a ri en disant qu'il fallait se dépêcher.

Nous sommes allés vers l'arrêt d'autobus qui était un peu plus loin et Raymond m'a annoncé que les Arabes ne nous suivaient pas. Je me suis retourné. Ils étaient toujours à la même place et ils regardaient avec la même indifférence l'endroit que nous venions de quitter. Nous avons pris l'autobus. Raymond, qui paraissait tout à fait soulagé, n'arrêtait pas de faire des plaisanteries pour Marie. J'ai senti qu'elle lui plaisait, mais elle ne lui répondait presque pas. De temps en temps, elle le regardait en riant.

Nous sommes descendus dans la banlieue d'Alger. La plage n'est pas loin de l'arrêt d'autobus. Mais il a fallu traverser un petit plateau qui domine la mer et qui dévale ensuite vers la plage. Il était couvert de pierres jaunâtres et d'asphodèles tout blancs sur le bleu déjà dur du ciel. Marie s'amusait à en éparpiller les pétales à grands coups de son sac de toile cirée. Nous avons marché entre des files de petites villas à barrières vertes ou blanches, quelques-unes enfouies avec leurs vérandas sous les tamaris, quelques autres nues au milieu des pierres. Avant d'arriver au bord du plateau, on pouvait voir déjà la mer immobile et plus loin un cap somnolent et massif dans l'eau claire. Un léger bruit de moteur est monté dans l'air calme jusqu'à nous. Et nous avons vu, très loin, un petit chalutier qui avançait, imperceptiblement, sur la mer éclatante. Marie a cueilli quelques iris de roche. De la pente qui descendait vers la mer nous avons vu qu'il y avait déjà quelques baigneurs.

adossé,e appuyé contre **la devanture** vitrine ou étalage extérieur (d'un magasin) **préoccupé,e** inquiet **en vouloir à qn** es auf jmd abgesehen haben **se redresser** se remettre droit, *(fig.)* prendre une attitude fière (sich aufrichten, sich in die Brust werfen) **dévaler** descendre rapidement **un asphodèle** Affodill, Mittelmeerlilie **éparpiller** jeter dans toutes les directions **le pétale** Blütenblatt **la file** rangée **s'enfouir** se cacher **le tamaris** [-is] Tamariske **le chalutier** *(mar.)* bateau de pêche

L'ami de Raymond habitait un petit cabanon de bois à l'extrémité de la plage. La maison était adossée à des rochers et les pilotis qui la soutenaient sur le devant baignaient déjà dans l'eau. Raymond nous a présentés. Son ami s'appelait Masson. C'était un grand type, massif de taille et d'épaules, avec une petite femme ronde et gentille, à l'accent parisien. Il nous a dit tout de suite de nous mettre à l'aise et qu'il y avait une friture de poissons qu'il avait pêchés le matin même. Je lui ai dit combien je trouvais sa maison jolie. Il m'a appris qu'il y venait passer le samedi, le dimanche et tous ses jours de congé. «Avec ma femme, on s'entend bien», a-t-il ajouté. Justement, sa femme riait avec Marie. Pour la première fois peut-être, j'ai pensé vraiment que j'allais me marier.

Masson voulait se baigner, mais sa femme et Raymond ne voulaient pas venir. Nous sommes descendus tous les trois et Marie s'est immédiatement jetée dans l'eau. Masson et moi, nous avons attendu un peu. Lui parlait lentement et j'ai remarqué qu'il avait l'habitude de compléter tout ce qu'il avançait par un «et je dirai plus», même quand, au fond, il n'ajoutait rien au sens de sa phrase. A propos de Marie, il m'a dit: «Elle est épatante, et je dirai plus, charmante.» Puis je n'ai plus fait attention à ce tic parce que j'étais occupé à éprouver que le soleil me faisait du bien. Le sable commençait à chauffer sous les pieds. J'ai retardé encore l'envie que j'avais de l'eau, mais j'ai fini par dire à Masson: «On y va?» J'ai plongé. Lui est entré dans l'eau doucement et s'est jeté quand il a perdu pied. Il nageait à la brasse et assez mal, de sorte que je l'ai laissé pour rejoindre Marie. L'eau était froide et j'étais content de nager. Avec Marie, nous nous sommes éloignés et nous nous sentions d'accord dans nos gestes et dans notre contentement.

Au large, nous avons fait la planche et sur mon visage tourné vers le ciel le soleil écartait les derniers voiles d'eau qui me coulaient dans la bouche. Nous avons vu que Masson regagnait la plage pour s'étendre au soleil. De loin, il paraissait énorme. Marie a voulu que nous nagions ensemble. Je me suis mis derrière elle pour la prendre par la taille et elle avançait à la force des bras pendant que je l'aidais en battant des pieds. Le petit bruit de l'eau battue nous a suivis dans le matin jusqu'à ce que je me sente fatigué. Alors j'ai laissé Marie et je suis rentré en nageant régulièrement et en respirant bien. Sur la plage, je me suis étendu à plat ventre près de Masson et j'ai mis ma figure dans le sable. Je lui ai dit que «c'était bon» et il était de cet avis. Peu après, Marie est venue. Je me suis retourné pour la regarder avancer. Elle était toute visqueuse d'eau salée et elle tenait ses

le pilotis [-ti] Pfahlwerk **la friture** poisson frit **avancer** dire, affirmer **épatant,e** *(fam.)* formidable, admirable **nager à la brasse** brustschwimmen (**la brasse** (Schwimm)Stoß) **faire la planche** sich auf den Rücken legen, den toten Mann machen **visqueux,euse** sens: l'eau salée forme sur elle une sorte de couche huileuse et collante

cheveux en arrière. Elle s'est allongée flanc à flanc avec moi et les deux chaleurs de son corps et du soleil m'ont un peu endormi.

Marie m'a secoué et m'a dit que Masson était remonté chez lui, il fallait déjeuner. Je me suis levé tout de suite parce que j'avais faim, mais Marie m'a dit que je ne l'avais pas embrassée depuis ce matin. C'était vrai et pourtant j'en avais envie. «Viens dans l'eau», m'a-t-elle dit. Nous avons couru pour nous étaler dans les premières petites vagues. Nous avons fait quelques brasses et elle s'est collée contre moi. J'ai senti ses jambes autour des miennes et je l'ai désirée.

Quand nous sommes revenus, Masson nous appelait déjà. J'ai dit que j'avais très faim et il a déclaré tout de suite à sa femme que je lui plaisais. Le pain était bon, j'ai dévoré ma part de poisson. Il y avait ensuite de la viande et des pommes de terre frites. Nous mangions tous sans parler. Masson buvait souvent du vin et il me servait sans arrêt. Au café, j'avais la tête un peu lourde et j'ai fumé beaucoup. Masson, Raymond et moi, nous avons envisagé de passer ensemble le mois d'août à la plage, à frais communs. Marie nous a dit tout d'un coup: «Vous savez quelle heure il est? Il est onze heures et demie.» Nous étions tous étonnés, mais Masson a dit qu'on avait mangé très tôt, et que c'était naturel parce que l'heure du déjeuner, c'était l'heure où l'on avait faim. Je ne sais pas pourquoi cela a fait rire Marie. Je crois qu'elle avait un peu trop bu. Masson m'a demandé alors si je voulais me promener sur la plage avec lui. «Ma femme fait toujours la sieste après le déjeuner. Moi, je n'aime pas ça. Il faut que je marche. Je lui dis toujours que c'est meilleur pour la santé. Mais après tout, c'est son droit.» Marie a déclaré qu'elle resterait pour aider Mme Masson à faire la vaisselle. La petite Parisienne a dit que pour cela, il fallait mettre les hommes dehors. Nous sommes descendus tous les trois.

Le soleil tombait presque d'aplomb sur le sable et son éclat sur la mer était insoutenable. Il n'y avait plus personne sur la plage. Dans les cabanons qui bordaient le plateau et qui surplombaient la mer, on entendait des bruits d'assiettes et de couverts. On respirait à peine dans la chaleur de pierre qui montait du sol. Pour commencer, Raymond et Masson ont parlé de choses et de gens que je ne connaissais pas. J'ai compris qu'il y avait longtemps qu'ils se connaissaient et qu'ils avaient même vécu ensemble à un moment. Nous nous sommes dirigés vers l'eau et nous avons longé la mer. Quelquefois, une petite vague plus longue que l'autre venait mouiller nos souliers de toile. Je ne pensais à rien parce que j'étais à moitié endormi par ce soleil sur ma tête nue.

à frais communs en partageant les dépenses **d'aplomb** verticalement **surplomber** dominer (überragen, hinausragen)

A ce moment, Raymond a dit à Masson quelque chose que j'ai mal entendu. Mais j'ai aperçu en même temps, tout au bout de la plage et très loin de nous, deux Arabes en bleu de chauffe qui venaient dans notre direction. J'ai regardé Raymond et il m'a dit: «C'est lui.» Nous avons continué à marcher. Masson a demandé comment ils avaient pu nous suivre jusque-là. J'ai pensé qu'ils avaient dû nous voir prendre l'autobus avec un sac de plage, mais je n'ai rien dit.

Les Arabes avançaient lentement et ils étaient déjà beaucoup plus rapprochés. Nous n'avons pas changé notre allure, mais Raymond a dit: «S'il y a de la bagarre, toi, Masson, tu prendras le deuxième. Moi, je me charge de mon type. Toi, Meursault, s'il en arrive un autre, il est pour toi.» J'ai dit: «Oui» et Masson a mis ses mains dans les poches. Le sable surchauffé me semblait rouge maintenant. Nous avancions d'un pas égal vers les Arabes. La distance entre nous a diminué régulièrement. Quand nous avons été à quelques pas les uns des autres, les Arabes se sont arrêtés. Masson et moi nous avons ralenti notre pas. Raymond est allé tout droit vers son type. J'ai mal entendu ce qu'il lui a dit, mais l'autre a fait mine de lui donner un coup de tête. Raymond a frappé alors une première fois et il a tout de suite appelé Masson. Masson est allé à celui qu'on lui avait désigné et il a frappé deux fois avec tout son poids. L'Arabe s'est aplati dans l'eau, la face contre le fond, et il est resté quelques secondes ainsi, des bulles crevant à la surface, autour de sa tête. Pendant ce temps Raymond aussi a frappé et l'autre avait la figure en sang. Raymond s'est retourné vers moi et a dit: «Tu vas voir ce qu'il va prendre.» Je lui ai crié: «Attention, il a un couteau!» Mais déjà Raymond avait le bras ouvert et la bouche tailladée.

Masson a fait un bond en avant. Mais l'autre Arabe s'était relevé et il s'est placé derrière celui qui était armé. Nous n'avons pas osé bouger. Ils ont reculé lentement, sans cesser de nous regarder et de nous tenir en respect avec le couteau. Quand ils ont vu qu'ils avaient assez de champ, ils se sont enfuis très vite, pendant que nous restions cloués sous le soleil et que Raymond tenait serré son bras dégouttant de sang.

Masson a dit immédiatement qu'il y avait un docteur qui passait ses dimanches sur le plateau. Raymond a voulu y aller tout de suite. Mais chaque fois qu'il parlait, le sang de sa blessure faisait des bulles dans sa bouche. Nous l'avons soutenu et nous sommes revenus au cabanon aussi vite que possible. Là, Raymond a dit que ses blessures étaient superficielles

le bleu de chauffe combinaison d'ouvrier, en général bleue (Monteuranzug) **s'aplatir** *(fam.)* tomber à plat ventre **la bulle** Blase **taillader** entailler, couper ((auf)schlitzen, zerschneiden) **tenir qn en respect** le forcer à rester immobile, le tenir à distance **avoir assez de champ** être assez éloigné **cloué,e** *(fam.)* immobilisé **dégoutter de** laisser tomber des gouttes de

et qu'il pouvait aller chez le docteur. Il est parti avec Masson et je suis resté pour expliquer aux femmes ce qui était arrivé. Mme Masson pleurait et Marie était très pâle. Moi, cela m'ennuyait de leur expliquer. J'ai fini par me taire et j'ai fumé en regardant la mer.

Vers une heure et demie, Raymond est revenu avec Masson. Il avait le bras bandé et du sparadrap au coin de la bouche. Le docteur lui avait dit que ce n'était rien, mais Raymond avait l'air très sombre. Masson a essayé de le faire rire. Mais il ne parlait toujours pas. Quand il a dit qu'il descendait sur la plage, je lui ai demandé où il allait. Masson et moi avons dit que nous allions l'accompagner. Alors, il s'est mis en colère et nous a insultés. Masson a déclaré qu'il ne fallait pas le contrarier. Moi, je l'ai suivi quand même.

Nous avons marché longtemps sur la plage. Le soleil était maintenant écrasant. Il se brisait en morceaux sur le sable et sur la mer. J'ai eu l'impression que Raymond savait où il allait, mais c'était sans doute faux. Tout au bout de la plage, nous sommes arrivés enfin à une petite source qui coulait dans le sable, derrière un gros rocher. Là, nous avons trouvé nos deux Arabes. Ils étaient couchés, dans leurs bleus de chauffe graisseux. Ils avaient l'air tout à fait calmes et presque contents. Notre venue n'a rien changé. Celui qui avait frappé Raymond le regardait sans rien dire. L'autre soufflait dans un petit roseau et répétait sans cesse, en nous regardant du coin de l'œil, les trois notes qu'il obtenait de son instrument.

Pendant tout ce temps, il n'y plus eu que le soleil et ce silence, avec le petit bruit de la source et les trois notes. Puis Raymond a porté la main à sa poche revolver, mais l'autre n'a pas bougé et ils se regardaient toujours. J'ai remarqué que celui qui jouait de la flûte avait les doigts des pieds très écartés. Mais sans quitter des yeux son adversaire, Raymond m'a demandé: «Je le descends?» J'ai pensé que si je disais non il s'exciterait tout seul et tirerait certainement. Je lui ai seulement dit: «Il ne t'a pas encore parlé. Ça ferait vilain de tirer comme ça.» On a encore entendu le petit bruit d'eau et de flûte au cœur du silence et de la chaleur. Puis Raymond a dit: «Alors, je vais l'insulter et quand il répondra, je le descendrai.» J'ai répondu: «C'est ça. Mais s'il ne sort pas son couteau, tu ne peux pas tirer.» Raymond a commencé à s'exciter un peu. L'autre jouait toujours et tous deux observaient chaque geste de Raymond. «Non, ai-je dit à Raymond. Prends-le d'homme à homme et donne-moi ton revolver. Si l'autre intervient, ou s'il tire son couteau, je le descendrai.»

le sparadrap Heftpflaster **contrarier qn** s'opposer à qn, lui causer du déplaisir (jm. verärgern) **le roseau** Schilfrohr **la poche revolver** Gesäßtasche **descendre** *(pop.)* abattre, tuer **vilain,e** *(fam.)* mauvais, sale

Quand Raymond m'a donné son revolver, le soleil a glissé dessus. Pourtant, nous sommes restés encore immobiles comme si tout s'était refermé autour de nous. Nous nous regardions sans baisser les yeux et tout s'arrêtait ici entre la mer, le sable et le soleil, le double silence de la flûte et de l'eau. J'ai pensé à ce moment qu'on pouvait tirer ou ne pas tirer. Mais brusquement, les Arabes, à reculons, se sont coulés derrière le rocher. Raymond et moi sommes alors revenus sur nos pas. Lui paraissait mieux et il a parlé de l'autobus du retour.

Je l'ai accompagné jusqu'au cabanon et, pendant qu'il gravissait l'escalier de bois, je suis resté devant la première marche, la tête retentissante de soleil, découragé devant l'effort qu'il fallait faire pour monter l'étage de bois et aborder encore les femmes. Mais la chaleur était telle qu'il m'était pénible aussi de rester immobile sous la pluie aveuglante qui tombait du ciel. Rester ici ou partir, cela revenait au même. Au bout d'un moment, je suis retourné vers la plage et je me suis mis à marcher.

C'était le même éclatement rouge. Sur le sable la mer haletait de toute la respiration rapide et étouffée de ses petites vagues. Je marchais lentement vers les rochers et je sentais mon front se gonfler sous le soleil. Toute cette chaleur s'appuyait sur moi et s'opposait à mon avance. Et chaque fois que je sentais son grand souffle chaud sur mon visage, je serrais les dents, je fermais les poings dans les poches de mon pantalon, je me tendais tout entier pour triompher du soleil et de cette ivresse opaque qu'il me déversait. A chaque épée de lumière jaillie du sable, d'un coquillage blanchi ou d'un débris de verre, mes mâchoires se crispaient. J'ai marché longtemps.

Je voyais de loin la petite masse sombre du rocher entourée d'un halo aveuglant par la lumière et la poussière de mer. Je pensais à la source fraîche derrière le rocher. J'avais envie de retrouver le murmure de son eau, envie de fuir le soleil, l'effort et les pleurs de femme, envie enfin de retrouver l'ombre et son repos. Mais quand j'ai été plus près, j'ai vu que le type de Raymond était revenu.

Il était seul. Il reposait sur le dos, les mains sous na nuque, le front dans les ombres du rocher, tout le corps au soleil. Son bleu de chauffe fumait dans la chaleur. J'ai été un peu surpris. Pour moi, c'était une histoire finie et j'étais venu là sans y penser.

à reculons en allant en arrière **se couler** s'engager furtivement, se glisser (kriechen, gleiten) **aborder qn** lui expliquer ce qui s'est passé **un éclatement** *(fig.)* Sprühen, Funkeln **haleter** respirer difficilement (keuchen) **se gonfler** augmenter de volume (anschwellen) **une avance** action de marcher en avant; progression **une ivresse** excitation, exaltation (Rausch, Trunkenheit) **opaque** pesant, aveuglant **le coquillage** coquille (Muschel) **le débris** morceau d'une chose brisée **se crisper** se contracter (sich verkrampfen) **le halo** cercle lumineux qui entoure quelquefois le soleil ou la lune (Hof, Ring)

Dès qu'il m'a vu, il s'est soulevé un peu et a mis la main dans sa poche. Moi, naturellement, j'ai serré le revolver de Raymond dans mon veston. Alors de nouveau, il s'est laissé aller en arrière, mais sans retirer la main de sa poche. J'étais assez loin de lui, à une dizaine de mètres. Je devinais son regard par instants, entre ses paupières mi-closes. Mais le plus souvent, son image dansait devant mes yeux, dans l'air enflammé. Le bruit des vagues était encore plus paresseux, plus étale qu'à midi. C'était le même soleil, la même lumière sur le même sable qui se prolongeait ici. Il y avait déjà deux heures que la journée n'avançait plus, deux heures qu'elle avait jeté l'ancre dans un océan de métal bouillant. A l'horizon, un petit vapeur est passé et j'en ai deviné la tache noire au bord de mon regard, parce que je n'avais pas cessé de regarder l'Arabe.

J'ai pensé que je n'avais qu'un demi-tour à faire et ce serait fini. Mais toute une plage vibrante de soleil se pressait derrière moi. J'ai fait quelques pas vers la source. L'Arabe n'a pas bougé. Malgré tout, il était encore assez loin. Peut-être à cause des ombres sur son visage, il avait l'air de rire. J'ai attendu. La brûlure du soleil gagnait mes joues et j'ai senti des gouttes de sueur s'amasser dans mes sourcils. C'était le même soleil que le jour où j'avais enterré maman et, comme alors, le front surtout me faisait mal et toutes ses veines battaient ensemble sous la peau. A cause de cette brûlure que je ne pouvais plus supporter, j'ai fait un mouvement en avant. Je savais que c'était stupide, que je ne me débarrasserais pas du soleil en me déplaçant d'un pas. Mais j'ai fait un pas, un seul pas en avant. Et cette fois, sans se soulever, l'Arabe a tiré son couteau qu'il m'a présenté dans le soleil. La lumière a giclé sur l'acier et c'était comme une longue lame étincelante qui m'atteignait au front. Au même instant, la sueur amassée dans mes sourcils a coulé d'un coup sur les paupières et les a recouvertes d'un voile tiède et épais. Mes yeux étaient aveuglés derrière ce rideau de larmes et de sel. Je ne sentais plus que les cymbales du soleil sur mon front et, indistinctement, le glaive éclatant jailli du couteau toujours en face de moi. Cette épée brûlante rongeait mes cils et fouillait mes yeux douloureux. C'est alors que tout a vacillé. La mer a charrié un souffle épais et ardent. Il m'a semblé que le ciel s'ouvrait sur toute son étendue

étale *(mar.)* stationnaire, immobile; p.ex.: quand il est midi, le jour lui-même est en balance **la brûlure** effet d'une grande chaleur sur la peau (Verbrennung) **gagner qc** l'envahir progressivement (etw. ergreifen, auf etw. übergreifen) **la veine** Ader **gicler** *(pop.)* jaillir avec force, sortir avec violence ((auf)spritzen) **étincelant,e** brillant (funkeln, blitzend) **la cymbale** *(sout.)* Zimbel, Becken **le glaive** *(poétique)* épée tranchante (Schwert) **ronger** manger lentement à petits coups de dents; *(fig.)* attaquer (zerfressen, peinigen) **le cil** Wimper **vaciller** chanceler, perdre l'équilibre (sch)wanken **charrier** emporter dans son cours (mit sich führen)

pour laisser pleuvoir du feu. Tout mon être s'est tendu et j'ai crispé ma main sur le revolver. La gâchette a cédé, j'ai touché le ventre poli de la crosse et c'est là, dans le bruit à la fois sec et assourdissant, que tout a commencé. J'ai secoué la sueur et le soleil. J'ai compris que j'avais détruit l'équilibre du jour, le silence exceptionnel d'une plage où j'avais été heureux. Alors, j'ai tiré encore quatre fois sur un corps inerte où les balles s'enfonçaient sans qu'il y parût. Et c'était comme quatre coups brefs que je frappais sur la porte du malheur.

laisser pleuvoir du feu réminiscence des «pluies de feu» dont parle la Bible **la gâchette** Hahn, Abzug **la crosse** partie du revolver que l'on tient dans la main (Kolben) **assourdissant,e** *(fig.)* un bruit tellement fort qu'il rend sourd ((ohren)betäubend) **inerte** sans mouvement **sans qu'il y parût** sans effort

DEUXIEME PARTIE

I

Tout de suite après mon arrestation, j'ai été interrogé plusieurs fois. Mais il s'agissait d'interrogatoires d'identité qui n'ont pas duré longtemps. La première fois au commissariat, mon affaire semblait n'intéresser personne. Huit jours après, le juge d'instruction, au contraire, m'a regardé avec curiosité. Mais pour commencer, il m'a seulement demandé mon nom et mon adresse, ma profession, la date et le lieu de ma naissance. Puis il a voulu savoir si j'avais choisi un avocat. J'ai reconnu que non et je l'ai questionné pour savoir s'il était absolument nécessaire d'en avoir un. «Pourquoi?» a-t-il dit. J'ai répondu que je trouvais mon affaire très simple. Il a souri en disant: «C'est un avis. Pourtant, la loi est là. Si vous ne choisissez pas d'avocat, nous en désignerons un d'office.» J'ai trouvé qu'il était très commode que la justice se chargeât de ces détails. Je le lui ai dit. Il m'a approuvé et a conclu que la loi était bien faite.

Au début, je ne l'ai pas pris au sérieux. Il m'a reçu dans une pièce tendue de rideaux, il avait sur son bureau une seule lampe qui éclairait le fauteuil où il m'a fait asseoir pendant que lui-même restait dans l'ombre. J'avais déjà lu une description semblable dans des livres et tout cela m'a paru un jeu. Après notre conversation, au contraire, je l'ai regardé et j'ai vu un homme aux traits fins, aux yeux bleus enfoncés, grand, avec une longue moustache grise et d'abondants cheveux presque blancs. Il m'a paru très raisonnable et, somme toute, sympathique, malgré quelques tics nerveux qui lui tiraient la bouche. En sortant, j'allais même lui tendre la main, mais je me suis souvenu à temps que j'avais tué un homme.

Le lendemain, un avocat est venu me voir à la prison. Il était petit et rond, assez jeune, les cheveux soigneusement collés. Malgré la chaleur (j'étais en manches de chemise), il avait un costume sombre, un col cassé et une cravate bizarre à grosses raies noires et blanches. Il a posé sur mon lit la serviette qu'il portait sous le bras, s'est présenté et m'a dit qu'il avait étudié mon dossier. Mon affaire était délicate, mais il ne doutait pas

interroger *(jur.)* vernehmen, verhören **un interrogatoire (d'identité)** *(jur.)* Vernehmung (zur Person) **le juge d'instruction** *(jur.)* Untersuchungsrichter **un avocat d'office** *(jur.)* Offizial-, Pflichtverteidiger **(une pièce) tendue de** bespannt, ausgeschlagen **enfoncé,e** profondément entré (tiefliegend) **les cheveux soigneusement collés** sens: il a mis une crème sur ses cheveux pour les fixer **le col cassé** col à coins cassés (Stehkragen mit umgebogenen Ecken)

du succès, si je lui faisais confiance. Je l'ai remercié et il m'a dit: «Entrons dans le vif du sujet.»

Il s'est assis sur le lit et m'a expliqué qu'on avait pris des renseignements sur ma vie privée. On avait su que ma mère était morte récemment à l'asile. On avait alors fait une enquête à Marengo. Les instructeurs avaient appris que «j'avais fait preuve d'insensibilité» le jour de l'enterrement de maman. «Vous comprenez, m'a dit mon avocat, cela me gêne un peu de vous demander cela. Mais c'est très important. Et ce sera un gros argument pour l'accusation, si je ne trouve rien à répondre.» Il voulait que je l'aide. Il m'a demandé si j'avais eu de la peine ce jour-là. Cette question m'a beaucoup étonné et il me semblait que j'aurais été très gêné si j'avais eu à la poser. J'ai répondu cependant que j'avais un peu perdu l'habitude de m'interroger et qu'il m'était difficile de le renseigner. Sans doute, j'aimais bien maman, mais cela ne voulait rien dire. Tous les êtres sains avaient plus ou moins souhaité la mort de ceux qu'ils aimaient. Ici, l'avocat m'a coupé et a paru très agité. Il m'a fait promettre de ne pas dire cela à l'audience, ni chez le magistrat instructeur. Cependant, je lui ai expliqué que j'avais une nature telle que mes besoins physiques dérangeaient souvent mes sentiments. Le jour où j'avais enterré maman, j'étais très fatigué, et j'avais sommeil. De sorte que je ne me suis pas rendu compte de ce qui se passait. Ce que je pouvais dire à coup sûr, c'est que j'aurais préféré que maman ne mourût pas. Mais mon avocat n'avait pas l'air content. Il m'a dit: «Ceci n'est pas assez.»

Il a réfléchi. Il m'a demandé s'il pouvait dire que ce jour-là j'avais dominé mes sentiments naturels. Je lui ai dit: «Non, parce que c'est faux.» Il m'a regardé d'une façon bizarre, comme si je lui inspirais un peu de dégoût. Il m'a dit presque méchamment que dans tous les cas le directeur et le personnel de l'asile seraient entendus comme témoins et que «cela pouvait me jouer un très sale tour». Je lui ai fait remarquer que cette histoire n'avait pas de rapport avec mon affaire, mais il m'a répondu seulement qu'il était visible que je n'avais jamais eu de rapports avec la justice.

Il est parti avec un air fâché. J'aurais voulu le retenir, lui expliquer que je désirais sa sympathie, non pour être mieux défendu, mais, si je puis

entrer dans le vif du sujet *(fig.)* aborder le point essentiel (zum Kern der Sache kommen) **un instructeur** *(jur.)* Untersuchungsbeamter **faire preuve de qc** en témoigner par son comportement (etw. zeigen, an den Tag legen) **une accusation** *(jur.)* Anklage **sain, e** *(fig.)* sensé; juste **couper** interrompre **une audience** *(jur.)* Verhandlung, Sitzung **le magistrat instructeur** *(jur.)* Untersuchungsrichter **à coup sûr** certainement **jouer un sale tour à qn** *(fam.)* jdm einen bösen Streich spielen

dire, naturellement. Surtout, je voyais que je le mettais mal à l'aise. Il ne me comprenait pas et il m'en voulait un peu. J'avais le désir de lui affirmer que j'étais comme tout le monde, absolument comme tout le monde. Mais tout cela, au fond, n'avait pas grande utilité et j'y ai renoncé par paresse.

Peu de temps après, j'étais conduit de nouveau devant le juge d'instruction. Il était deux heures de l'après-midi et cette fois, son bureau était plein d'une lumière à peine tamisée par un rideau de voile. Il faisait très chaud. Il m'a fait asseoir et, avec beaucoup de courtoisie, m'a déclaré que mon avocat, «par suite d'un contretemps», n'avait pu venir. Mais j'avais le droit de ne pas répondre à ses questions et d'attendre que mon avocat pût m'assister. J'ai dit que je pouvais répondre seul. Il a touché du doigt un bouton sur la table. Un jeune greffier est venu s'installer presque dans mon dos.

Nous nous sommes tous les deux carrés dans nos fauteuils. L'interrogatoire a commencé. Il m'a d'abord dit qu'on me dépeignait comme étant d'un caractère taciturne et renfermé et il a voulu savoir ce que j'en pensais. J'ai répondu: «C'est que je n'ai jamais grand-chose à dire. Alors je me tais.» Il a souri comme la première fois, a reconnu que c'était la meilleure des raisons et a ajouté: «D'ailleurs, cela n'a aucune importance.» Il s'est tu, m'a regardé et s'est redressé assez brusquement pour me dire très vite: «Ce qui m'intéresse, c'est vous.» Je n'ai pas bien compris ce qu'il entendait par là et je n'ai rien répondu. «Il y a des choses, a-t-il ajouté, qui m'échappent dans votre geste. Je suis sûr que vous allez m'aider à les comprendre.» J'ai dit que tout était très simple. Il m'a pressé de lui retracer ma journée. Je lui ai retracé ce que déjà je lui avais raconté: Raymond, la plage, le bain, la querelle, encore la plage, la petite source, le soleil et les cinq coups de revolver. A chaque phrase il disait: «Bien, bien.» Quand je suis arrivé au corps étendu, il a approuvé en disant: «Bon.» Moi, j'étais lassé de répéter ainsi la même histoire et il me semblait que je n'avais jamais autant parlé.

Après un silence, il s'est levé et m'a dit qu'il voulait m'aider, que je l'intéressais et qu'avec l'aide de Dieu, il ferait quelque chose pour moi. Mais auparavant, il voulait me poser encore quelques questions. Sans transition,

mettre qn mal à l'aise jds. Unbehagen hervorrufen, jdn in Verlegenheit bringen **(une lumière) tamisée** voilée, douce, filtrée (gedämpft) **le contretemps** événement fâcheux, imprévu qui dérange les projets (widriger Umstand, Ungelegenheit) **le greffier** *(jur.)* secrétaire d'un juge (Gerichtsschreiber) **se carrer dans** *(fam.)* s'installer confortablement dans (es sich bequem machen) **le geste** conduite, action (Verhalten) **presser** inciter, engager à (drängen) **retracer** raconter d'une manière vivante **se lasser de faire qc** se fatiguer de … par ennui (etw. leid sein, genug von etw haben) **sans transition** *(f.)* brusquement

il m'a demandé si j'aimais maman. J'ai dit: «Oui, comme tout le monde» et le greffier, qui jusqu'ici tapait régulièrement sur sa machine, a dû se tromper de touches, car il s'est embarrassé et a été obligé de revenir en arrière. Toujours sans logique apparente, le juge m'a alors demandé si j'avais tiré cinq coups de revolver à la suite. J'ai réfléchi et précisé que j'avais tiré une seule fois d'abord et, après quelques secondes, les quatre autres coups. «Pourquoi avez-vous attendu entre le premier et le second coup?» dit-il alors. Une fois de plus, j'ai revu la plage rouge et j'ai senti sur mon front la brûlure du soleil. Mais cette fois, je n'ai rien répondu. Pendant tout le silence qui a suivi le juge a eu l'air de s'agiter. Il s'est assis, a fourragé dans ses cheveux, a mis ses coudes sur son bureau et s'est penché un peu vers moi avec un air étrange: «Pourquoi, pourquoi avez-vous tiré sur un corps à terre?» Là encore, je n'ai pas su répondre. Le juge a passé ses mains sur son front et a répété sa question d'une voix un peu altérée: «Pourquoi? Il faut que vous me le disiez. Pourquoi?» Je me taisais toujours.

Brusquement, il s'est levé, a marché à grands pas vers une extrémité de son bureau et a ouvert un tiroir dans un classeur. Il en a tiré un crucifix d'argent qu'il a brandi en revenant vers moi. Et d'une voix toute changée, presque tremblante, il s'est écrié: «Est-ce que vous le connaissez, celui-là?» J'ai dit: «Oui, naturellement.» Alors il m'a dit très vite et d'une façon passionnée que lui croyait en Dieu, que sa conviction était qu'aucun homme n'était assez coupable pour que Dieu ne lui pardonnât pas, mais qu'il fallait pour cela que l'homme par son repentir devînt comme un enfant dont l'âme est vide et prête à tout accueillir. Il avait tout son corps penché sur la table. Il agitait son crucifix presque au-dessus de moi. A vrai dire, je l'avais très mal suivi dans son raisonnement, d'abord parce que j'avais chaud et qu'il y avait dans son cabinet de grosses mouches qui se posaient sur ma figure, et aussi parce qu'il me faisait un peu peur. Je reconnaissais en même temps que c'était ridicule parce que, après tout, c'était moi le criminel. Il a continué pourtant. J'ai à peu près compris qu'à son avis il n'y avait qu'un point d'obscur dans ma confession, le fait d'avoir attendu pour tirer mon second coup de revolver. Pour le reste, c'était très bien, mais cela, il ne le comprenait pas.

se tromper de touches sich vertippen (**la touche** (Schreibmaschinen-)Taste) **s'embarrasser** in Verwirrung, aus der Fassung geraten **revenir en arrière** refaire le passage (où il s'était trompé) **à la suite** successivement **fourrager** *(fig. fam.)* mettre du désordre (herum)wühlen **(une voix) altérée** *(fig.)* troublée, changée par une émotion **le classeur** meuble où l'on classe des documents (Aktenschrank) **brandir** agiter dans sa main violemment comme pour lancer ou frapper (schwingen, herumschwenken) **pour le reste** ansonsten **s'obstiner** hartnäckig sein, sich auf etw versteifen

comme un prêtre

J'allais lui dire qu'il avait tort de s'obstiner: ce dernier point n'avait pas tellement d'importance. Mais il m'a coupé et m'a exhorté une dernière fois, dressé de toute sa hauteur, en me demandant si je croyais en Dieu. J'ai répondu que non. Il s'est assis avec indignation. Il m'a dit que c'était impossible, que tous les hommes croyaient en Dieu, même ceux qui se détournaient de son visage. C'était là sa conviction et, s'il devait jamais en douter, sa vie n'aurait plus de sens. «Voulez-vous, s'est-il exclamé, que ma vie n'ait pas de sens?» A mon avis, cela ne me regardait pas et je le lui ai dit. Mais à travers la table, il avançait déjà le Christ sous mes yeux et s'écriait d'une façon déraisonnable: «Moi, je suis chrétien. Je demande pardon de tes fautes à celui-là. Comment peux-tu ne pas croire qu'il a souffert pour toi!» J'ai bien remarqué qu'il me tutoyait, mais j'en avais assez. La chaleur se faisait de plus en plus grande. Comme toujours, quand j'ai envie de me débarrasser de quelqu'un que j'écoute à peine, j'ai eu l'air d'approuver. A ma surprise, il a triomphé: «Tu vois, tu vois, disait-il. N'est-ce pas que tu crois et que tu vas te confier à lui?» Evidemment, j'ai dit non une fois de plus. Il est retombé sur son fauteuil.

Il avait l'air très fatigué. Il est resté un moment silencieux pendant que la machine, qui n'avait pas cessé de suivre le dialogue, en prolongeait encore les dernières phrases. Ensuite, il m'a regardé attentivement et avec un peu de tristesse. Il a murmuré: «Je n'ai jamais vu d'âme aussi endurcie que la vôtre. Les criminels qui sont venus devant moi ont toujours pleuré devant cette image de la douleur.» J'allais répondre que c'était justement parce qu'il s'agissait de criminels. Mais j'ai pensé que moi aussi j'étais comme eux. C'était une idée à quoi je ne pouvais pas me faire. Le juge s'est alors levé, comme s'il me signifiait que l'interrogatoire était terminé. Il m'a seulement demandé du même air un peu las si je regrettais mon acte. J'ai réfléchi et j'ai dit que, plutôt que du regret véritable, j'éprouvais un certain ennui. J'ai eu l'impression qu'il ne me comprenait pas. Mais ce jour-là les choses ne sont pas allées plus loin.

Par la suite j'ai souvent revu le juge d'instruction. Seulement, j'étais accompagné de mon avocat à chaque fois. On se bornait à me faire préciser certains points de mes déclarations précédentes. Ou bien encore le juge discutait les charges avec mon avocat. Mais en vérité ils ne s'occupaient jamais de moi à ces moments-là. Peu à peu en tout cas, le ton des interrogatoires a changé. Il semblait que le juge ne s'intéressât plus à moi et qu'il eût classé mon cas en quelque sorte. Il ne m'a plus parlé de Dieu et je ne l'ai jamais

exhorter qn *(sout.)* inviter, encourager (par ses paroles et avec véhémence) **prolonger qc** continuer, poursuivre **signifier à qn** lui faire comprendre par un signe **les charges** *(f. jur.)* Anklagepunkte **en quelque sorte** pour ainsi dire (gewissermaßen)

revu dans l'excitation de ce premier jour. Le résultat, c'est que nos entretiens sont devenus plus cordiaux. Quelques questions, un peu de conversation avec mon avocat, les interrogatoires étaient finis. Mon affaire suivait son cours, selon l'expression même du juge. Quelquefois aussi, quand la conversation était d'ordre général, on m'y mêlait. Je commençais à respirer. Personne, en ces heures-là, n'était méchant avec moi. Tout était si naturel, si bien réglé et si sobrement joué que j'avais l'impression ridicule de «faire partie de la famille». Et au bout des onze mois qu'a duré cette instruction, je peux dire que je m'étonnais presque de m'être jamais réjoui d'autre chose que de ces rares instants où le juge me reconduisait à la porte de son cabinet en me frappant sur l'épaule et en me disant d'un air cordial: «C'est fini pour aujourd'hui, monsieur l'Antéchrist.» On me remettait alors entre les mains des gendarmes.

II

Il y a des choses dont je n'ai jamais aimé parler. Quand je suis entré en prison, j'ai compris au bout de quelques jours que je n'aimerais pas parler de cette partie de ma vie.

Plus tard, je n'ai plus trouvé d'importance à ces répugnances. En réalité, je n'étais pas réellement en prison les premiers jours: j'attendais vaguement quelque événement nouveau. C'est seulement après la première et la seule visite de Marie que tout a commencé. Du jour où j'ai reçu sa lettre (elle me disait qu'on ne lui permettait plus de venir parce qu'elle n'était pas ma femme), de ce jour-là, j'ai senti que j'étais chez moi dans ma cellule et que ma vie s'y arrêtait. Le jour de mon arrestation, on m'a d'abord enfermé dans une chambre où il y avait déjà plusieurs détenus, la plupart des Arabes. Ils ont ri en me voyant. Puis ils m'ont demandé ce que j'avais fait. J'ai dit que j'avais tué un Arabe et ils sont restés silencieux. Mais un moment après, le soir est tombé. Ils m'ont expliqué comment il fallait arranger la natte où je devais coucher. En roulant une des extrémités, on pouvait en faire un traversin. Toute la nuit, des punaises ont couru sur mon visage. Quelques jours après, on m'a isolé dans une cellule où je couchais sur un bat-flanc de bois. J'avais

une excitation agitation, exaltation **sobrement** de manière discrète, simple **une instruction** *(jur.)* (Vor)Untersuchung, Ermittlung(sverfahren) **un antéchrist** Ennemi du Christ (Antichrist, Widersacher Christi) **la répugnance** aversion, dégoût **la cellule** *(jur.)* dans une prison; petite pièce où est enfermé **un détenu** prisonnier **la natte** Matte **la punaise** Wanze **le bat-flanc** *(inv.)* Pritsche

un baquet d'aisances et une cuvette de fer. La prison était tout en haut de la ville et, par une petite fenêtre, je pouvais voir la mer. C'est un jour que j'étais agrippé aux barreaux, mon visage tendu vers la lumière, qu'un gardien est entré et m'a dit que j'avais une visite. J'ai pensé que c'était Marie. C'était bien elle.

J'ai suivi pour aller au parloir un long corridor, puis un escalier et pour finir un autre couloir. Je suis entré dans une très grande salle éclairée par une vaste baie. La salle était séparée en trois parties par deux grandes grilles qui la coupaient dans la longueur. Entre les deux grilles se trouvait un espace de huit à dix mètres qui séparait les visiteurs des prisonniers. J'ai aperçu Marie en face de moi avec sa robe à raies et son visage bruni. De mon côté, il y avait une dizaine de détenus, des Arabes pour la plupart. Marie était entourée de Mauresques et se trouvait entre deux visiteuses: une petite vieille aux lèvres serrées, habillée de noir, et une grosse femme en cheveux qui parlait très fort avec beaucoup de gestes. A cause de la distance entre les grilles, les visiteurs et les prisonniers étaient obligés de parler très haut. Quand je suis entré, le bruit des voix qui rebondissaient contre les grands murs nus de la salle, la lumière crue qui coulait du ciel sur les vitres et rejaillissait dans la salle, me causèrent une sorte d'étourdissement. Ma cellule était plus calme et plus sombre. Il m'a fallu quelques secondes pour m'adapter. Pourtant, j'ai fini par voir chaque visage avec netteté, détaché dans le plein jour. J'ai observé qu'un gardien se tenait assis à l'extrémité du couloir entre les deux grilles. La plupart des prisonniers arabes ainsi que leurs familles s'étaient accroupis en vis-à-vis. Ceux-là ne criaient pas. Malgré le tumulte, ils parvenaient à s'entendre en parlant très bas. Leur murmure sourd, parti de plus bas, formait comme une basse continue aux conversations qui s'entrecroisaient au-dessus de leurs têtes. Tout cela, je l'ai remarqué très vite en m'avançant vers Marie. Déjà collée contre la grille, elle me souriait de toutes ses forces. Je l'ai trouvée très belle, mais je n'ai pas su le lui dire.

«Alors? m'a-t-elle dit très haut. – Alors, voilà. – Tu es bien, tu as tout ce que tu veux? – Oui, tout.»

le baquet d'aisances Toiletteneimer, -kübel **la cuvette** (Wasch-)Schüssel **le barreau** petit barre qui sert comme fermeture (Gitterstab) **le parloir** *(jur.)* salle où l'on reçoit les visiteurs **la baie** large ouverture de porte, de fenêtre **la grille** assemblage de barreaux (Gitter) **rebondir** zurückprallen, -schallen **(la lumière) crue** violente, sans atténuation (grell, hart) **rejaillir** zurückgeworfen werden **un étourdissement** vertige (Benommenheit, Schwindelgefühl) **parti de plus bas ...** sens: les Arabes sont «accroupis» **la basse continue** *(mus.)* Basso continuo, Generalbass **s'entrecroiser** se croiser en divers sens (sich kreuzen, überschneiden)

Nous nous sommes tus et Marie souriait toujours. La grosse femme hurlait vers mon voisin, son mari sans doute, un grand type blond au regard franc. C'était la suite d'une conversation déjà commencée.

«Jeanne n'a pas voulu le prendre, criait-elle à tue-tête. – Oui, oui, disait l'homme. – Je lui ai dit que tu le reprendrais en sortant, mais elle n'a pas voulu le prendre.»

Marie a crié de son côté que Raymond me donnait le bonjour et j'ai dit: «Merci.» Mais ma voix a été couverte par mon voisin qui a demandé «s'il allait bien». Sa femme a ri en disant «qu'il ne s'était jamais mieux porté». Mon voisin de gauche, un petit jeune homme aux mains fines, ne disait rien. J'ai remarqué qu'il était en face de la petite vieille et que tous les deux se regardaient avec intensité. Mais je n'ai pas eu le temps de les observer plus longtemps parce que Marie m'a crié qu'il fallait espérer. J'ai dit: «Oui.» En même temps, je la regardais et j'avais envie de serrer son épaule par-dessus sa robe. J'avais envie de ce tissu fin et je ne savais pas très bien ce qu'il fallait espérer en dehors de lui. Mais c'était bien sans doute ce que Marie voulait dire parce qu'elle souriait toujours. Je ne voyais plus que l'éclat de ses dents et les petits plis de ses yeux. Elle a crié de nouveau: «Tu sortiras et on se mariera!» J'ai répondu: «Tu crois?» mais c'était surtout pour dire quelque chose. Elle a dit alors très vite et toujours très haut que oui, que je serais acquitté et qu'on prendrait encore des bains. Mais l'autre femme hurlait de son côté et disait qu'elle avait laissé un panier au greffe. Elle énumérait tout ce qu'elle y avait mis. Il fallait vérifier, car tout cela coûtait cher. Mon autre voisin et sa mère se regardaient toujours. Le murmure des Arabes continuait au-dessous de nous. Dehors la lumière a semblé se gonfler contre la baie.

Je me sentais un peu malade et j'aurais voulu partir. Le bruit me faisait mal. Mais d'un autre côté, je voulais profiter encore de la présence de Marie. Je ne sais pas combien de temps a passé. Marie m'a parlé de son travail et elle souriait sans arrêt. Le murmure, les cris, les conversations se croisaient. Le seul îlot de silence était à côté de moi dans ce petit jeune homme et cette vieille qui se regardaient. Peu à peu, on a emmené les Arabes. Presque tout le monde s'est tu dès que le premier est sorti. La petite vieille s'est rapprochée des barreaux et, au même moment, un gardien a fait signe à son fils. Il a dit: «Au revoir, maman» et elle a passé sa main entre deux barreaux pour lui faire un petit signe lent et prolongé.

à tue-tête à pleine voix, en criant très fort **couvrir (une voix)** étouffer, dominer (übertönen) **acquitter qn** *(jur.)* le déclarer par jugement innocent du crime dont il est accusé (jdn freisprechen) **le greffe** bureau où sont déposés les objets personnels des prisonniers **un îlot** petite île

Elle est partie pendant qu'un homme entrait, le chapeau à la main, et prenait sa place. On a introduit un prisonnier et ils se sont parlé avec animation, mais à demi-voix, parce que la pièce était redevenue silencieuse. On est venu chercher mon voisin de droite et sa femme lui a dit sans baisser le ton comme si elle n'avait pas remarqué qu'il n'était plus nécessaire de crier: «Soigne-toi bien et fais attention.» Puis est venu mon tour. Marie a fait signe qu'elle m'embrassait. Je me suis retourné avant de disparaître. Elle était immobile, le visage écrasé contre la grille, avec le même sourire écartelé et crispé.

C'est peu après qu'elle m'a écrit. Et c'est à partir de ce moment qu'ont commencé les choses dont je n'ai jamais aimé parler. De toute façon, il ne faut rien exagérer et cela m'a été plus facile qu'à d'autres. Au début de ma détention, pourtant, ce qui a été le plus dur, c'est que j'avais des pensées d'homme libre. Par exemple, l'envie me prenait d'être sur une plage et de descendre vers la mer. A imaginer le bruit des premières vagues sous la plante de mes pieds, l'entrée du corps dans l'eau et la délivrance que j'y trouvais, je sentais tout d'un coup combien les murs de ma prison étaient rapprochés. Mais cela dura quelques mois. Ensuite, je n'avais que des pensées de prisonnier. J'attendais la promenade quotidienne que je faisais dans la cour ou la visite de mon avocat. Je m'arrangeais très bien avec le reste de mon temps. J'ai souvent pensé alors que si l'on m'avait fait vivre dans un tronc d'arbre sec, sans autre occupation que de regarder la fleur du ciel au-dessus de ma tête, je m'y serais peu à peu habitué. J'aurais attendu des passages d'oiseaux ou des rencontres de nuages comme j'attendais ici les curieuses cravates de mon avocat et comme, dans un autre monde, je patientais jusqu'au samedi pour étreindre le corps de Marie. Or, à bien réfléchir, je n'étais pas dans un arbre sec. Il y avait plus malheureux que moi. C'était d'ailleurs une idée de maman, et elle le répétait souvent, qu'on finissait par s'habituer à tout.

Du reste, je n'allais pas si loin d'ordinaire. Les premiers mois ont été durs. Mais justement l'effort que j'ai dû faire aidait à les passer. Par exemple, j'étais tourmenté par le désir d'une femme. C'était naturel, j'étais jeune. Je ne pensais jamais à Marie particulièrement. Mais je pensais tellement à une femme, aux femmes, à toutes celles que j'avais connues, à toutes les circonstances où je les avais aimées, que ma cellule s'emplissait de

(le sourire) écartelé gevierteilt (à cause de la division en carrés de la grille du parloir) **la détention** *(jur.)* fait d'être gardé prisonnier (Haft) **A imaginer …** L'infinitif précédé de la préposition «à» s'emploie ici comme proposition conditionnelle: en imaginant … **la plante du pied** face inférieure du pied de l'homme (Fußsohle) **la délivrance** soulagement, libération (Befreiung, Erlösung) **le tronc** Stamm **patienter** attendre avec patience (geduldig warten) **étreindre qn.** *(sout.)* le serrer fortement en l'entourant de ses bras (umarmen, umschlingen)

tous les visages et se peuplait de mes désirs. Dans un sens, cela me déséquilibrait. Mais dans un autre, cela tuait le temps. J'avais fini par gagner la sympathie du gardien-chef qui accompagnait à l'heure des repas le garçon de cuisine. C'est lui qui, d'abord, m'a parlé des femmes. Il m'a dit que c'était la première chose dont se plaignaient les autres. Je lui ai dit que j'étais comme eux et que je trouvais ce traitement injuste. «Mais, a-t-il dit, c'est justement pour ça qu'on vous met en prison. – Comment, pour ça? – Mais oui, la liberté, c'est ça. On vous prive de la liberté.» Je n'avais jamais pensé à cela. Je l'ai approuvé: «C'est vrai, lui ai-je dit, où serait la punition? – Oui, vous comprenez les choses, vous. Les autres non. Mais ils finissent par se soulager eux-mêmes.» Le gardien est parti ensuite.

Il y a eu aussi les cigarettes. Quand je suis entré en prison, on m'a pris ma ceinture, mes cordons de souliers, ma cravate et tout ce que je portais dans mes poches, mes cigarettes en particulier. Une fois en cellule, j'ai demandé qu'on me les rende. Mais on m'a dit que c'était défendu. Les premiers jours ont été très durs. C'est peut-être cela qui m'a le plus abattu. Je suçais des morceaux de bois que j'arrachais de la planche de mon lit. Je promenais toute la journée une nausée perpétuelle. Je ne comprenais pas pourquoi on me privait de cela qui ne faisait de mal à personne. Plus tard, j'ai compris que cela faisait partie aussi de la punition. Mais à ce moment-là, je m'étais habitué à ne plus fumer et cette punition n'en était plus une pour moi.

A part ces ennuis, je n'étais pas trop malheureux. Toute la question, encore une fois, était de tuer le temps. J'ai fini par ne plus m'ennuyer du tout à partir de l'instant où j'ai appris à me souvenir. Je me mettais quelquefois à penser à ma chambre et, en imagination, je partais d'un coin pour y revenir en dénombrant mentalement tout ce qui se trouvait sur mon chemin. Au début, c'était vite fait. Mais chaque fois que je recommençais, c'était un peu plus long. Car je me souvenais de chaque meuble, et, pour chacun d'entre eux, de chaque objet qui s'y trouvait et, pour chaque objet, de tous les détails et pour les détails eux-mêmes, une incrustation, une fêlure ou un bord ébréché, de leur couleur ou de leur grain. En même temps, j'essayais de ne pas perdre le fil de mon inventaire, de faire une énumération complète. Si bien qu'au bout de quelques semaines, je

se peupler de qc se remplir de (sich mit etw füllen) **priver qn. de qc** lui refuser qc (jdm etw entziehen) **se soulager** *(pop.)* satisfaire un besoin naturel (sich befriedigen) **les cordons** *(m.)* **de souliers** Schnürsenkel **la nausée** envie de vomir, sentiment de dégoût (Übelkeit, Ekel) **perpétuel,le** continuel (fortwährend, ständig) **dénombrer** *(sout.)* calculer le nombre exact, compter **une incrustation** Einlegearbeit **la fêlure** Riss, Sprung **(le bord) ébréché** auquel il manque un petit morceau (ausgebrochen) **le grain** surface granulée de certains objets (Körnung, Narbe)

pouvais passer des heures, rien qu'à dénombrer ce qui se trouvait dans ma chambre. Ainsi, plus je réfléchissais et plus de choses méconnues et oubliées je sortais de ma mémoire. J'ai compris alors qu'un homme qui n'aurait vécu qu'un seul jour pourrait sans peine vivre cent ans dans une prison. Il aurait assez de souvenirs pour ne pas s'ennuyer. Dans un sens, c'était un avantage.

Il y avait aussi le sommeil. Au début, je dormais mal la nuit et pas du tout le jour. Peu à peu, mes nuits ont été meilleures et j'ai pu dormir aussi le jour. Je peux dire que, dans les derniers mois, je dormais de seize à dix-huit heures par jour. Il me restait alors six heures à tuer avec les repas, les besoins naturels, mes souvenirs et l'histoire du Tchécoslovaque.

Entre ma paillasse et la planche du lit, j'avais trouvé, en effet, un vieux morceau de journal presque collé à l'étoffe, jauni et transparent. Il relatait un fait divers dont le début manquait, mais qui avait dû se passer en Tchécoslovaquie. Un homme était parti d'un village tchèque pour faire fortune. Au bout de vingt-cinq ans, riche, il était revenu avec une femme et un enfant. Sa mère tenait un hôtel avec sa sœur dans son village natal. Pour les surprendre, il avait laissé sa femme et son enfant dans un autre établissement, était allé chez sa mère qui ne l'avait pas reconnu quand il était entré. Par plaisanterie, il avait eu l'idée de prendre une chambre. Il avait montré son argent. Dans la nuit, sa mère et sa sœur l'avaient assassiné à coups de marteau pour le voler et avaient jeté son corps dans la rivière. Le matin, la femme était venue, avait révélé sans le savoir l'identité du voyageur. La mère s'était pendue. La sœur s'était jetée dans un puits. J'ai dû lire cette histoire des milliers de fois. D'un côté, elle était invraisemblable. D'un autre, elle était naturelle. De toute façon, je trouvais que le voyageur l'avait un peu mérité et qu'il ne faut jamais jouer.

Ainsi, avec les heures de sommeil, les souvenirs, la lecture de mon fait divers et l'alternance de la lumière et de l'ombre, le temps a passé. J'avais bien lu qu'on finissait par perdre la notion du temps en prison. Mais cela n'avait pas beaucoup de sens pour moi. Je n'avais pas compris à quel point les jours pouvaient être à la fois longs et courts. Longs à vivre sans doute, mais tellement distendus qu'ils finissaient par déborder les uns sur les autres. Ils y perdaient leur nom. Les mots hier ou demain étaient les seuls qui gardaient un sens pour moi.

méconnaître qc le négliger, ne pas l'apprécier (nicht richtig wahrnehmen) **l'histoire du Tchécoslovaque** Ce fait divers forme le thème du «Malentendu», drame qui fut achevé dans l'hiver 1942/43. Le récit de Meursault en donne une idée assez fidèle **la paillasse** matelas rempli de paille (Strohsack) **relater qc** *(sout.)* raconter, rapporter **distendu,e** allongé (in die Länge gezogen)

Lorsqu'un jour, le gardien m'a dit que j'étais là depuis cinq mois, je l'ai cru, mais je ne l'ai pas compris. Pour moi, c'était sans cesse le même jour qui déferlait dans ma cellule et la même tâche que je poursuivais. Ce jour-là, après le départ du gardien, je me suis regardé dans ma gamelle de fer. Il m'a semblé que mon image restait sérieuse alors même que j'essayais de lui sourire. Je l'ai agitée devant moi. J'ai souri et elle a gardé le même air sévère et triste. Le jour finissait et c'était l'heure dont je ne veux pas parler, l'heure sans nom, où les bruits du soir montaient de tous les étages de la prison dans un cortège de silence. Je me suis approché de la lucarne et, dans la dernière lumière, j'ai contemplé une fois de plus mon image. Elle était toujours sérieuse, et quoi d'étonnant puisque, à ce moment, je l'étais aussi? Mais en même temps et pour la première fois depuis des mois, j'ai entendu distinctement le son de ma voix. Je l'ai reconnue pour celle qui résonnait déjà depuis de longs jours à mes oreilles et j'ai compris que pendant tout ce temps j'avais parlé seul. Je me suis souvenu alors de ce que disait l'infirmière à l'enterrement de maman. Non, il n'y avait pas d'issue et personne ne peut imaginer ce que sont les soirs dans les prisons.

2/13

III

Je peux dire qu'au fond l'été a très vite remplacé l'été. Je savais qu'avec la montée des premières chaleurs surviendrait quelque chose de nouveau pour moi. Mon affaire était inscrite à la dernière session de la cour d'assises et cette session se terminerait avec le mois de juin. Les débats se sont ouverts avec, au-dehors, tout le plein du soleil. Mon avocat m'avait assuré qu'ils ne dureraient pas plus de deux ou trois jours. «D'ailleurs, avait-il ajouté, la cour sera pressée parce que votre affaire n'est pas la plus importante de la session. Il y a un parricide qui passera tout de suite après.»

A sept heures et demie du matin, on est venu me chercher et la voiture cellulaire m'a conduit au Palais de justice. Les deux gendarmes m'ont fait entrer dans une petite pièce qui sentait l'ombre. Nous avons attendu,

déferler *(fig.)* apparaître, se répandre avec force **la gamelle** Kochgeschirr, Blechnapf (On trouve ici, pour la première fois, le thème du miroir qui obsédera Meursault) **le cortège** *(métaph.)* suite, défilé (Trauer-)Zug **la lucarne** petite ouverture pratiquée dans le mur (kleines Fenster, Luke) **résonner** sonner, retentir (hallen, klingen) **survenir** arriver (à l'improviste et brusquement) **inscrire qc** noter, enregistrer (eintragen) **la session** *(jur.)* période durant laquelle **la cour d'assises** *(jur.)* (Schwurgericht) est assemblée et prête à juger (Sitzungsperiode) **les débats** *(jur.)* Verhandlung **le parricide** *(jur.)* meurtre du père ou de la mère **la voiture cellulaire** *(jur.)* voiture grillagée (Gefangenenwagen)

assis près d'une porte derrière laquelle on entendait des voix, des appels, des bruits de chaises et tout un remue-ménage qui m'a fait penser à ces fêtes de quartier où, après le concert, on range la salle pour pouvoir danser. Les gendarmes m'ont dit qu'il fallait attendre la cour et l'un d'eux m'a offert une cigarette que j'ai refusée. Il m'a demandé peu après «si j'avais le trac». J'ai répondu que non. Et même, dans un sens, cela m'intéressait de voir un procès. Je n'en avais jamais eu l'occasion dans ma vie: «Oui, a dit le second gendarme, mais cela finit par fatiguer.»

Après un peu de temps, une petite sonnerie a résonné dans la pièce. Ils m'ont alors ôté les menottes. Ils ont ouvert la porte et m'ont fait entrer dans le box des accusés. La salle était pleine à craquer. Malgré les stores, le soleil s'infiltrait par endroits et l'air était déjà étouffant. On avait laissé les vitres closes. Je me suis assis et les gendarmes m'ont encadré. C'est à ce moment que j'ai aperçu une rangée de visages devant moi. Tous me regardaient: j'ai compris que c'étaient les jurés. Mais je ne peux pas dire ce qui les distinguait les uns des autres. Je n'ai eu qu'une impression: j'étais devant une banquette de tramway et tous ces voyageurs anonymes épiaient le nouvel arrivant pour en apercevoir les ridicules. Je sais bien que c'était une idée niaise puisque ici ce n'était pas le ridicule qu'ils cherchaient, mais le crime. Cependant la différence n'est pas grande et c'est en tout cas l'idée qui m'est venue.

J'étais un peu étourdi aussi par tout ce monde dans cette salle close. J'ai regardé encore le prétoire et je n'ai distingué aucun visage. Je crois bien que d'abord je ne m'étais pas rendu compte que tout le monde se pressait pour me voir. D'habitude, les gens ne s'occupaient pas de ma personne. Il m'a fallu un effort pour comprendre que j'étais la cause de toute cette agitation. J'ai dit au gendarme: «Que de monde!» Il m'a répondu que c'était à cause des journaux et il m'a montré un groupe qui se tenait près d'une table sous le banc des jurés. Il m'a dit: «Les voilà.» J'ai demandé: «Qui?» et il a répété: «Les journaux.» Il connaissait l'un des journalistes qui l'a vu à ce moment et qui s'est dirigé vers nous. C'était un homme déjà âgé, sympathique, avec un visage un peu grimaçant. Il a serré la main du gendarme avec beaucoup de chaleur. J'ai

la cour *(jur.)* sens: les juges, le tribunal **avoir le trac** *(fam.)* avoir peur **dans un sens** *(fam.)* d'un certain point de vue **la sonnerie** Glocke **les menottes** *(f. jur.)* Handschellen **le box des accusés** *(jur.)* banc ou petite loge où l'on place l'accusé **le store** rideau **s'infiltrer** pénétrer **par endroits** par ci, par là **clos,e** fermé **la rangée** suite de personnes sur une même ligne **le juré** *(jur.)* Geschworener, Schöffe **la banquette** banc qui occupe toute la longueur (du tramway); ce banc nous rappelle les petits vieux de la morgue (cf. p. 15, 32) **épier qn** *(sout.)* l'observer attentivement et en secret **niais,e** idiot, stupide **le prétoire** *(jur.)* salle du tribunal **les journaux** sens: les journalistes

remarqué à ce moment que tout le monde se rencontrait, s'interpellait et conversait, comme dans un club où l'on est heureux de se retrouver entre gens du même monde. Je me suis expliqué aussi la bizarre impression que j'avais d'être de trop, un peu comme un intrus. Pourtant, le journaliste s'est adressé à moi en souriant. Il m'a dit qu'il espérait que tout irait bien pour moi. Je l'ai remercié et il a ajouté: «Vous savez, nous avons monté un peu votre affaire. L'été, c'est la saison creuse pour les journaux. Et il n'y avait que votre histoire et celle du parricide qui vaillent quelque chose.» Il m'a montré ensuite, dans le groupe qu'il venait de quitter, un petit bonhomme qui ressemblait à une belette engraissée, avec d'énormes lunettes cerclées de noir. Il m'a dit que c'était l'envoyé spécial d'un journal de Paris: «Il n'est pas venu pour vous, d'ailleurs. Mais comme il est chargé de rendre compte du procès du parricide, on lui a demandé de câbler votre affaire en même temps.» Là encore, j'ai failli le remercier. Mais j'ai pensé que ce serait ridicule. Il m'a fait un petit signe cordial de la main et nous a quittés. Nous avons encore attendu quelques minutes.

Mon avocat est arrivé, en robe, entouré de beaucoup d'autres confrères. Il est allé vers les journalistes, a serré des mains. Ils ont plaisanté, ri et ils avaient l'air tout à fait à leur aise, jusqu'au moment où la sonnerie a retenti dans le prétoire. Tout le monde a regagné sa place. Mon avocat est venu vers moi, m'a serré la main et m'a conseillé de répondre brièvement aux questions qu'on me poserait, de ne pas prendre d'initiatives et de me reposer sur lui pour le reste.

A ma gauche, j'ai entendu le bruit d'une chaise qu'on reculait et j'ai vu un grand homme mince, vêtu de rouge, portant lorgnon, qui s'asseyait en pliant sa robe avec soin. C'était le procureur. Un huissier a annoncé la cour. Au même moment, deux gros ventilateurs ont commencé de vrombir. Trois juges, deux en noir, le troisième en rouge, sont entrés avec des dossiers et ont marché très vite vers la tribune qui dominait la salle. L'homme en robe rouge s'est assis sur le fauteuil du milieu, a posé sa toque devant lui, essuyé son petit crâne chauve avec un mouchoir et déclaré que l'audience était ouverte.

un intrus qui s'introduit quelque part sans droit (Eindringling) **monter qc** dans le journalisme: l'exagérer, le grossir (groß aufmachen, hochspielen) **la saison creuse** *(fig.)* Sauregurkenzeit **la belette** Wiesel **engraisser** grossir, devenir plus gros **cercler qc** l'entourer d'un cercle de métal etc. (einfassen) **câbler qc** télégraphier, envoyer un message par câble **j'ai failli le remercier ...** je l'ai presque remercié **le confrère** collègue **se reposer sur qn** avoir confiance en **le lorgnon** petite lunette sans branches (Kneifer) **la robe** *(jur.)* pièce maîtresse du costume des gens de justice (Talar); elle est noire **le procureur** *(jur.)* Staatsanwalt **un huissier** Amtsdiener **vrombir** produire un bruit très fort (dröhnen) **la toque** *(jur.)* coiffure que les juges déposent devant leur place au début de l'audience (Barett)

Les journalistes tenaient déjà leur stylo en main. Ils avaient tous le même air indifférent et un peu narquois. Pourtant, l'un d'entre eux, beaucoup plus jeune, habillé en flanelle grise avec une cravate bleue, avait laissé son stylo devant lui et me regardait. Dans son visage un peu asymétrique, je ne voyais que ses deux yeux, très clairs, qui m'examinaient attentivement, sans rien exprimer qui fût définissable. Et j'ai eu l'impression bizarre d'être regardé par moi-même. C'est peut-être pour cela, et aussi parce que je ne connaissais pas les usages du lieu, que je n'ai pas très bien compris tout ce qui s'est passé ensuite, le tirage au sort des jurés, les questions posées par le président à l'avocat, au procureur et au jury (à chaque fois, toutes les têtes des jurés se retournaient en même temps vers la cour), une lecture rapide de l'acte d'accusation, où je reconnaissais des noms de lieux et de personnes, et de nouvelles questions à mon avocat.

Mais le président a dit qu'il allait faire procéder à l'appel des témoins. L'huissier a lu des noms qui ont attiré mon attention. Du sein de ce public tout à l'heure informe, j'ai vu se lever un à un, pour disparaître ensuite par une porte latérale, le directeur et le concierge de l'asile, le vieux Thomas Pérez, Raymond, Masson, Salamano, Marie. Celle-ci m'a fait un petit signe anxieux. Je m'étonnais encore de ne pas les avoir aperçus plus tôt, lorsque à l'appel de son nom, le dernier, Céleste s'est levé. J'ai reconnu à côté de lui la petite bonne femme du restaurant, avec sa jaquette et son air précis et décidé. Elle me regardait avec intensité. Mais je n'ai pas eu le temps de réfléchir parce que le président a pris la parole. Il a dit que les véritables débats allaient commencer et qu'il croyait inutile de recommander au public d'être calme. Selon lui, il était là pour diriger avec impartialité les débats d'une affaire qu'il voulait considérer avec objectivité. La sentence rendue par le jury serait prise dans un esprit de justice et, dans tous les cas, il ferait évacuer la salle au moindre incident.

La chaleur montait et je voyais dans la salle les assistants s'éventer avec des journaux. Cela faisait un petit bruit continu de papier froissé. Le pré-

narquois,e malicieux, ironique **la flanelle** *(par méton.)* vêtement de flanelle **d'être regardé par moi-même ...** On reconnaît sans peine Camus lui-même dans ce jeune journaliste. Au cours de sa carrière journalistique Camus a suivi par nécessité des procès d'assises **le tirage au sort** *(jur.)* Auslosung **le jury** *(jur.)* ensemble des jurés désignés pour une session **un acte d'accusation** *(jur.)* Anklageschrift **procéder à qc** l'exécuter dans ses diverses phases (un ensemble d'opérations) (zu etwas schreiten, etw unternehmen) **du sein de** du milieu de **informe** sans forme **latéral,e** qui est sur le côté **avec impartialité** *(jur.)* avec objectivité **la sentence** *(jur.)* décision, jugement **évacuer qc** quitter (un lieu) en masse **s'éventer** se rafraîchir en agitant l'air (sich Kühlung zufächern) **(le papier) froissé** zerknittert, zerknüllt

sident a fait un signe et l'huissier a apporté trois éventails de paille tressée que les trois juges ont utilisés immédiatement.

Mon interrogatoire a commencé aussitôt. Le président m'a questionné avec calme et même, m'a-t-il semblé, avec une nuance de cordialité. On m'a encore fait décliner mon identité et malgré mon agacement, j'ai pensé qu'au fond c'était assez naturel, parce qu'il serait trop grave de juger un homme pour un autre. Puis le président a recommencé le récit de ce que j'avais fait, en s'adressant à moi toutes les trois phrases pour me demander: «Est-ce bien cela?» A chaque fois, j'ai répondu: «Oui, monsieur le Président», selon les instructions de mon avocat. Cela a été long parce que le président apportait beaucoup de minutie dans son récit. Pendant tout ce temps, les journalistes écrivaient. Je sentais les regards du plus jeune d'entre eux et de la petite automate. La banquette de tramway était tout entière tournée vers le président. Celui-ci a toussé, feuilleté son dossier et il s'est tourné vers moi en s'éventant.

Il m'a dit qu'il devait aborder maintenant des questions apparemment étrangères à mon affaire, mais qui peut-être la touchaient de fort près. J'ai compris qu'il allait encore parler de maman et j'ai senti en même temps combien cela m'ennuyait. Il m'a demandé pourquoi j'avais mis maman à l'asile. J'ai répondu que c'était parce que je manquais d'argent pour la faire garder et soigner. Il m'a demandé si cela m'avait coûté personnellement et j'ai répondu que ni maman ni moi n'attendions plus rien l'un de l'autre, ni d'ailleurs de personne, et que nous nous étions habitués tous les deux à nos vies nouvelles. Le président a dit alors qu'il ne voulait pas insister sur ce point et il a demandé au procureur s'il ne voyait pas d'autre question à me poser.

Celui-ci me tournait à demi le dos et, sans me regarder, il a déclaré qu'avec l'autorisation du président il aimerait savoir si j'étais retourné vers la source tout seul avec l'intention de tuer l'Arabe. «Non», ai-je dit. «Alors, pourquoi était-il armé et pourquoi revenir vers cet endroit précisément?» J'ai dit que c'était le hasard. Et le procureur a noté avec un accent mauvais: «Ce sera tout pour le moment.» Tout ensuite a été un peu confus, du moins pour moi. Mais après quelques conciliabules, le président a déclaré que l'audience était levée et renvoyée à l'après-midi pour l'audition des témoins.

un éventail de paille tressée Fächer, Wedel aus Strohgeflecht **décliner qc** indiquer avec précision **une identité** nom, prénom, état civil etc. **décliner son identité** *(jur.)* Angaben zur Person machen **un agacement** énervement, irritation **apporter beaucoup de minutie dans qc** große Sorgfalt auf etw verwenden **coûter à qn** lui être pénible **le conciliabule** Getuschel, leise Beratung **renvoyer qc à** (+ date) le remettre à plus tard **une audition des témoins** *(jur.)* Zeugenvernehmung

Je n'ai pas eu le temps de réfléchir. On m'a emmené, fait monter dans la voiture cellulaire et conduit à la prison où j'ai mangé. Au bout de très peu de temps, juste assez pour me rendre compte que j'étais fatigué, on est revenu me chercher; tout a recommencé et je me suis trouvé dans la même salle, devant les mêmes visages. Seulement la chaleur était beaucoup plus forte et comme par un miracle chacun des jurés, le procureur, mon avocat et quelques journalistes étaient munis aussi d'éventails de paille. Le jeune journaliste et la petite femme étaient toujours là. Mais ils ne s'éventaient pas et me regardaient encore sans rien dire.

J'ai essuyé la sueur qui couvrait mon visage et je n'ai repris un peu conscience du lieu et de moi-même que lorsque j'ai entendu appeler le directeur de l'asile. On lui a demandé si maman se plaignait de moi et il a dit que oui mais que c'était un peu la manie de ses pensionnaires de se plaindre de leurs proches. Le président lui a fait préciser si elle me reprochait de l'avoir mise à l'asile et le directeur a dit encore oui. Mais cette fois, il n'a rien ajouté. A une autre question, il a répondu qu'il avait été surpris de mon calme le jour de l'enterrement. On lui a demandé ce qu'il entendait par calme. Le directeur a regardé alors le bout de ses souliers et il a dit que je n'avais pas voulu voir maman, je n'avais pas pleuré une seule fois et j'étais parti aussitôt après l'enterrement sans me recueillir sur sa tombe. Une chose encore l'avait surpris: un employé des pompes funèbres lui avait dit que je ne savais pas l'âge de maman. Il y a eu un moment de silence et le président lui a demandé si c'était bien de moi qu'il avait parlé. Comme le directeur ne comprenait pas la question, il lui a dit: «C'est la loi.» Puis le président a demandé à l'avocat général s'il n'avait pas de question à poser au témoin et le procureur s'est écrié: «Oh! non, cela suffit», avec un tel éclat et un tel regard triomphant dans ma direction que, pour la première fois depuis bien des années, j'ai eu une envie stupide de pleurer parce que j'ai senti combien j'étais détesté par tous ces gens-là.

Après avoir demandé au jury et à mon avocat s'ils avaient des questions à poser, le président a entendu le concierge. Pour lui comme pour tous les autres, le même cérémonial s'est répété. En arrivant, le concierge m'a regardé et il a détourné les yeux. Il a répondu aux questions qu'on lui posait. Il a dit que je n'avais pas voulu voir maman, que j'avais fumé, que j'avais dormi et que j'avais pris du café au lait. J'ai senti alors quelque chose qui soulevait toute la salle et, pour la première fois, j'ai compris

être muni de qc mit etw versehen sein **la manie** habitude, tic **les proches** *(m.)* les parents les plus proches (Angehörige) **se recueillir** in Andacht verweilen **c'est la loi** *(jur.)* il ne peut en être autrement **entendre qn** *(jur.)* jdn vernehmen **le cérémonial** ensemble des règles observées au cours d'une cérémonie **soulever qn** provoquer sa colère, son indignation

que j'étais coupable. On a fait répéter au concierge l'histoire du café au lait et celle de la cigarette. L'avocat général m'a regardé avec une lueur ironique dans les yeux. A ce moment, mon avocat a demandé au concierge s'il n'avait pas fumé avec moi. Mais le procureur s'est élevé avec violence contre cette question: «Quel est le criminel ici et quelles sont ces méthodes qui consistent à salir les témoins de l'accusation pour minimiser des témoignages qui n'en demeurent pas moins écrasants!» Malgré tout, le président a demandé au concierge de répondre à la question. Le vieux a dit d'un air embarrassé: «Je sais bien que j'ai eu tort. Mais je n'ai pas osé refuser la cigarette que Monsieur m'a offerte.» En dernier lieu, on m'a demandé si je n'avais rien à ajouter. «Rien, ai-je répondu, seulement que le témoin a raison. Il est vrai que je lui ai offert une cigarette.» Le concierge m'a regardé alors avec un peu d'étonnement et une sorte de gratitude. Il a hésité, puis il a dit que c'était lui qui m'avait offert le café au lait. Mon avocat a triomphé bruyamment et a déclaré que les jurés apprécieraient. Mais le procureur a tonné au-dessus de nos têtes et il a dit: «Oui, MM. les jurés apprécieront. Et ils concluront qu'un étranger pouvait proposer du café, mais qu'un fils devait le refuser devant le corps de celle qui lui avait donné le jour.» Le concierge a regagné son banc.

Quand est venu le tour de Thomas Pérez, un huissier a dû le soutenir jusqu'à la barre. Pérez a dit qu'il avait surtout connu ma mère et qu'il ne m'avait vu qu'une fois, le jour de l'enterrement. On lui a demandé ce que j'avais fait ce jour-là et il a répondu: «Vous comprenez, moi-même j'avais trop de peine. Alors, je n'ai rien vu. C'était la peine qui m'empêchait de voir. Parce que c'était pour moi une très grosse peine. Et même, je me suis évanoui. Alors, je n'ai pas pu voir monsieur.» L'avocat général lui a demandé si, du moins, il m'avait vu pleurer. Pérez a répondu que non. Le procureur a dit alors à son tour: «MM. les jurés apprécieront.» Mais mon avocat s'est fâché. Il a demandé à Pérez, sur un ton qui m'a semblé exagéré, «s'il avait vu que je ne pleurais pas». Pérez a dit: «Non.» Le public a ri. Et mon avocat, en retroussant une de ses manches, a dit d'un ton péremptoire: «Voilà l'image de ce procès. Tout est vrai et rien n'est vrai!» Le procureur avait le visage fermé et piquait un crayon dans les titres de ses dossiers.

la lueur éclat vif (des yeux) Aufblitzen, Funkeln **s'élever contre qc** s'opposer, protester vigoureusement **minimiser qc** en réduire l'importance **le témoignage** *(jur.)* Zeugenaussage **en dernier lieu** finalement, pour finir **la gratitude** sentiment de reconnaissance **bruyamment** *(adv.)* avec bruit **apprécier qc** en estimer la valeur, l'importance **tonner** *(fig.)* crier de colère, parler avec véhémence **donner le jour à (un enfant)** donner naissance à … (il s'agit d'une périphrase) **la barre** *(jur.)* Gerichtsschranke, Zeugenstand **s'évanouir** perdre connaissance **(d'un ton) péremptoire** catégorique, qui n'admet pas la discussion

Après cinq minutes de suspension pendant lesquelles mon avocat m'a dit que tout allait pour le mieux, on a entendu Céleste qui était cité par la défense. La défense, c'était moi. Céleste jetait de temps en temps des regards de mon côté et roulait un panama entre ses mains. Il portait le costume neuf qu'il mettait pour venir avec moi, certains dimanches, aux courses de chevaux. Mais je crois qu'il n'avait pas pu mettre son col parce qu'il portait seulement un bouton de cuivre pour tenir sa chemise fermée. On lui a demandé si j'étais son client et il a dit: «Oui, mais c'était aussi un ami»; ce qu'il pensait de moi et il a répondu que j'étais un homme; ce qu'il entendait par là et il a déclaré que tout le monde savait ce que cela voulait dire; s'il avait remarqué que j'étais renfermé et il a reconnu seulement que je ne parlais pas pour ne rien dire. L'avocat général lui a demandé si je payais régulièrement ma pension. Céleste a ri et il a déclaré: «C'étaient des détails entre nous.» On lui a demandé encore ce qu'il pensait de mon crime. Il a mis alors ses mains sur la barre et l'on voyait qu'il avait préparé quelque chose. Il a dit: «Pour moi, c'est un malheur. Un malheur, tout le monde sait ce que c'est. Ça vous laisse sans défense. Eh bien! pour moi c'est un malheur.» Il allait continuer, mais le président lui a dit que c'était bien et qu'on le remerciait. Alors Céleste est resté un peu interdit. Mais il a déclaré qu'il voulait encore parler. On lui a demandé d'être bref. Il a encore répété que c'était un malheur. Et le président lui a dit: «Oui, c'est entendu. Mais nous sommes là pour juger les malheurs de ce genre. Nous vous remercions.» Comme s'il était arrivé au bout de sa science et de sa bonne volonté, Céleste s'est alors retourné vers moi. Il m'a semblé que ses yeux brillaient et que ses lèvres tremblaient. Il avait l'air de me demander ce qu'il pouvait encore faire. Moi, je n'ai rien dit, je n'ai fait aucun geste, mais c'est la première fois de ma vie que j'ai eu envie d'embrasser un homme. Le président lui a encore enjoint de quitter la barre. Céleste est allé s'asseoir dans le prétoire. Pendant tout le reste de l'audience, il est resté là, un peu penché en avant, les coudes sur les genoux, le panama entre les mains, à écouter tout ce qui se disait. Marie est entrée. Elle avait mis un chapeau et elle était encore belle. Mais je l'aimais mieux avec ses cheveux libres. De l'endroit où j'étais, je devinais le poids léger de ses seins et je reconnaissais sa lèvre inférieure toujours un peu gonflée. Elle semblait très nerveuse. Tout de suite, on lui a demandé depuis quand elle me connaissait. Elle a indiqué l'époque où elle travaillait chez nous.

la suspension interruption **citer qn** *(jur.)* jdn vorladen **le panama** chapeau de paille (Panamahut) **le cuivre** Kupfer **ça vous laisse sans défense** dagegen ist man machtlos **interdit,e** qui ne sait que répondre; confondu (verblüfft) **au bout de sa science** am Ende seiner Weisheit **enjoindre à qn de faire qc** *(sout.)* le lui ordonner expressément.(jdn auffordern, etw zu tun)

Le président a voulu savoir quels étaient ses rapports avec moi. Elle a dit qu'elle était mon amie. A une autre question, elle a répondu qu'il était vrai qu'elle devait m'épouser. Le procureur qui feuilletait un dossier lui a demandé brusquement de quand datait notre liaison. Elle a indiqué la date. Le procureur a remarqué d'un air indifférent qu'il lui semblait que c'était le lendemain de la mort de maman. Puis il a dit avec quelque ironie qu'il ne voudrait pas insister sur une situation délicate, qu'il comprenait bien les scrupules de Marie, mais (et ici son accent s'est fait plus dur) que son devoir lui commandait de s'élever au-dessus des convenances. Il a donc demandé à Marie de résumer cette journée où je l'avais connue. Marie ne voulait pas parler, mais devant l'insistance du procureur, elle a dit notre bain, notre sortie au cinéma et notre rentrée chez moi. L'avocat général a dit qu'à la suite des déclarations de Marie à l'instruction, il avait consulté les programmes de cette date. Il a ajouté que Marie elle-même dirait quel film on passait alors. D'une voix presque blanche, en effet, elle a indiqué que c'était un film de Fernandel. Le silence était complet dans la salle quand elle a eu fini. Le procureur s'est alors levé, très grave et d'une voix que j'ai trouvée vraiment émue, le doigt tendu vers moi, il a articulé lentement: «Messieurs les jurés, le lendemain de la mort de sa mère, cet homme prenait des bains, commençait une liaison irrégulière, et allait rire devant un film comique. Je n'ai rien de plus à vous dire.» Il s'est assis, toujours dans le silence. Mais, tout d'un coup, Marie a éclaté en sanglots, a dit que ce n'était pas cela, qu'il y avait autre chose, qu'on la forçait à dire le contraire de ce qu'elle pensait, qu'elle me connaissait bien et que je n'avais rien fait de mal. Mais l'huissier, sur un signe du président, l'a emmenée et l'audience s'est poursuivie.

C'est à peine si, ensuite, on a écouté Masson qui a déclaré que j'étais un honnête homme «et qu'il dirait plus, j'étais un brave homme». C'est à peine encore si on a écouté Salamano quand il a rappelé que j'avais été bon pour son chien et quand il a répondu à une question sur ma mère et sur moi en disant que je n'avais plus rien à dire à maman et que je l'avais mise pour cette raison à l'asile. «Il faut comprendre, disait Salamano, il faut comprendre.» Mais personne ne paraissait comprendre. On l'a emmené.

le scrupule doute, hésitation **s'élever au-dessus des convenances** *(f.)* sich über den Anstand, die Schicklichkeit hinwegsetzen **(d'une voix) blanche** sans intonation caractéristique, sans personnalité (tonlos) **elle a eu fini ...** il s'agit d'un temps dit surcomposé (double auxiliaire + participe passé), employé surtout dans la langue parlée; remplace ici un passé antérieur **(une liaison) irrégulière** non conforme au règles morales; en dehors du mariage **à peine** presque pas **c'est à peine si** kaum (dass) **(un) honnête (homme)** *(surtout avant le nom)* correct, franc, brave **((le) brave homme)** *(avant le nom, épithète)* gentil, honnête (avec, le plus souvent, comme ici, une valeur affective)

Puis est venu le tour de Raymond, qui était le dernier témoin. Raymond m'a fait un petit signe et a dit tout de suite que j'étais innocent. Mais le président a déclaré qu'on ne lui demandait pas des appréciations, mais des faits. Il l'a invité à attendre des questions pour répondre. On lui a fait préciser ses relations avec la victime. Raymond en a profité pour dire que c'était lui que cette dernière haïssait depuis qu'il avait giflé sa sœur. Le président lui a demandé cependant si la victime n'avait pas de raison de me haïr. Raymond a dit que ma présence à la plage était le résultat d'un hasard. Le procureur lui a demandé alors comment il se faisait que la lettre qui était à l'origine du drame avait été écrite par moi. Raymond a répondu que c'était un hasard. Le procureur a rétorqué que le hasard avait déjà beaucoup de méfaits sur la conscience dans cette histoire. Il a voulu savoir si c'était par hasard que je n'étais pas intervenu quand Raymond avait giflé sa maîtresse, par hasard que j'avais servi de témoin au commissariat, par hasard encore que mes déclarations lors de ce témoignage s'étaient révélées de pure complaisance. Pour finir, il a demandé à Raymond quels étaient ses moyens d'existence, et comme ce dernier répondait: «Magasinier», l'avocat général a déclaré aux jurés que de notoriété générale le témoin exerçait le métier de souteneur. J'étais son complice et son ami. Il s'agissait d'un drame crapuleux de la plus basse espèce, aggravé du fait qu'on avait affaire à un monstre moral. Raymond a voulu se défendre et mon avocat a protesté, mais on leur a dit qu'il fallait laisser terminer le procureur. Celui-ci a dit: «J'ai peu de chose à ajouter. Etait-il votre ami?» a-t-il demandé à Raymond. «Oui, a dit celui-ci, c'était mon copain.» L'avocat général m'a posé alors la même question et j'ai regardé Raymond qui n'a pas détourné les yeux. J'ai répondu: «Oui.» Le procureur s'est alors retourné vers le jury et a déclaré: «Le même homme qui au lendemain de la mort de sa mère se livrait à la débauche la plus honteuse a tué pour des raisons futiles et pour liquider une affaire de mœurs inqualifiable.»

Il s'est assis alors. Mais mon avocat, à bout de patience, s'est écrié en levant les bras, de sorte que ses manches en retombant ont découvert les

une appréciation avis, jugement **inviter qn à faire qc** le prier, lui ordonner **rétorquer** répliquer, riposter **le méfait** action mauvaise (Missetat) **la complaisance** Gefälligkeit **s'étaient révélées de pure complaisance** sens: dictées par le seul souci de rendre service à Raymond, et non de dire la vérité **de notoriété générale** tout le monde savait **le souteneur** individu vivant au dépens d'une prostituée **crapuleux,euse** bassement malhonnête et méchant **bas, basse** honteux, méprisable **aggraver qc** augmenter, empirer **la débauche** *(jur.)* Ausschweifung **futile** *(sout.)* qui est sans importance ni intérêt (belanglos, nichtig) **liquider qc** le régler **inqualifiable** *(péj.)* indigne, innommable (unbeschreiblich, unerhört)

plis d'une chemise amidonnée: «Enfin, est-il accusé d'avoir enterré sa mère ou d'avoir tué un homme?» Le public a ri. Mais le procureur s'est redressé encore, s'est drapé dans sa robe et a déclaré qu'il fallait avoir l'ingénuité de l'honorable défenseur pour ne pas sentir qu'il y avait entre ces deux ordres de faits une relation profonde, pathétique, essentielle. «Oui, s'est-il écrié avec force, j'accuse cet homme d'avoir enterré une mère avec un cœur de criminel.» Cette déclaration a paru faire un effet considérable sur le public. Mon avocat a haussé les épaules et essuyé la sueur qui couvrait son front. Mais lui-même paraissait ébranlé et j'ai compris que les choses n'allaient pas bien pour moi.

L'audience a été levée. En sortant du palais de justice pour monter dans la voiture, j'ai reconnu un court instant l'odeur et la couleur du soir d'été. Dans l'obscurité de ma prison roulante, j'ai retrouvé un à un, comme du fond de ma fatigue, tous les bruits familiers d'une ville que j'aimais et d'une certaine heure où il m'arrivait de me sentir content. Le cri des vendeurs de journaux dans l'air déjà détendu, les derniers oiseaux dans le square, l'appel des marchands de sandwiches, la plainte des tramways dans les hauts tournants de la ville et cette rumeur du ciel avant que la nuit bascule sur le port, tout cela recomposait pour moi un itinéraire d'aveugle, que je connaissais bien avant d'entrer en prison. Oui, c'était l'heure où, il y avait bien longtemps, je me sentais content. Ce qui m'attendait alors, c'était toujours un sommeil léger et sans rêves. Et pourtant quelque chose était changé puisque, avec l'attente du lendemain, c'est ma cellule que j'ai retrouvée. Comme si les chemins familiers tracés dans les ciels d'été pouvaient mener aussi bien aux prisons qu'aux sommeils innocents.

(une chemise) amidonnée gestärkt (en parlant du linge) **se draper (dans sa robe)** s'envelopper, comme dans un ‹drap›; *(fig. iron.)* prendre une attitude théâtrale **une ingénuité** *(péj.)* naïveté, simplicité **l'honorable défenseur** *(jur.)* formule toute faite, qui est ici moins élogieuse qu'ironique (ehrenwerter, geschätzter Verteidiger) **pathétique** émouvant (ergreifend, erschütternd) **hausser les épaules** les soulever en signe de mépris (die Achseln zucken) **ébranlé,e** *(fig.)* qui a perdu un peu de sa foi, de conviction (erschüttert) **(un air) détendu** moins vibrant de chaleur (parce qu'il fait moins chaud, le soir arrive) **le square** petit jardin public entouré d'une grille **la plainte (des tramways)** *(fig.)* cri ou gémissement des tramways lequel évoque la plainte **le tournant** endroit où tournent les tramways (Kehre, Wendekurve) **basculer** *(très poétique)* tomber d'un coup (kippen) **recomposer** composer de nouveau **tracer** esquisser, dessiner

IV

Même sur un banc d'accusé, il est toujours intéressant d'entendre parler de soi. Pendant les plaidoiries du procureur et de mon avocat, je peux dire qu'on a beaucoup parlé de moi et peut-être plus de moi que de mon crime. Etaient-elles si différentes, d'ailleurs, ces plaidoiries? L'avocat levait les bras et plaidait coupable, mais avec excuses. Le procureur tendait ses mains et dénonçait la culpabilité, mais sans excuses. Une chose pourtant me gênait vaguement. Malgré mes préoccupations, j'étais parfois tenté d'intervenir et mon avocat me disait alors: «Taisez-vous, cela vaut mieux pour votre affaire.» En quelque sorte, on avait l'air de traiter cette affaire en dehors de moi. Tout se déroulait sans mon intervention. Mon sort se réglait sans qu'on prenne mon avis. De temps en temps, j'avais envie d'interrompre tout le monde et de dire: «Mais tout de même, qui est l'accusé? C'est important d'être l'accusé. Et j'ai quelque chose à dire.» Mais réflexion faite, je n'avais rien à dire. D'ailleurs, je dois reconnaître que l'intérêt qu'on trouve à occuper les gens ne dure pas longtemps. Par exemple, la plaidoirie du procureur m'a très vite lassé. Ce sont seulement des fragments, des gestes ou des tirades entières, mais détachées de l'ensemble, qui m'ont frappé ou ont éveillé mon intérêt.

Le fond de sa pensée, si j'ai bien compris, c'est que j'avais prémédité mon crime. Du moins, il a essayé de le démontrer. Comme il le disait lui-même: «J'en ferai la preuve, Messieurs, et je la ferai doublement. Sous l'aveuglante clarté des faits d'abord et ensuite dans l'éclairage sombre que me fournira la psychologie de cette âme criminelle.» Il a résumé les faits à partir de la mort de maman. Il a rappelé mon insensibilité, l'ignorance où j'étais de l'âge de maman, mon bain du lendemain, avec une femme, le cinéma, Fernandel et enfin la rentrée avec Marie. J'ai mis du temps à le comprendre, à ce moment, parce qu'il disait «sa maîtresse» et pour moi, elle était Marie. Ensuite, il en est venu à l'histoire de Raymond. J'ai trouvé que sa façon de voir les événements ne manquait pas de clarté. Ce qu'ils disait était plausible. J'avais écrit la lettre d'accord avec Raymond

la plaidoirie *(jur.)* discours de l'avocat (Plädoyer) **plaider coupable** *(jur.)* sich für schuldig erklären, auf schuldig erkennen **une excuse** *(jur.)* mildernder Umstand **dénoncer** *(jur.)* donner avis de (verkünden, erklären) **la culpabilité** *(jur.)* Schuld **le sort** destin **mon sort se réglait** sens: ma vie se décidait **réflexion faite** après y avoir réfléchi **lasser qn** *(sout.)* fatiguer, ennuyer **la tirade** long monologue (plus ou moins emphatique) **préméditer qc** *(jur.)* décider d'avance, après réflexion (planen, im Voraus bedenken) **aveuglant,e** *(fig.)* qui frappe par son évidence, sa clarté **aveuglante clarté ... éclairage sombre** il s'agit ici d'un jeu de mots rhétorique **fournir** donner, offrir **mettre du temps à (+ inf.)** l'utiliser, l'employer

pour attirer sa maîtresse et la livrer aux mauvais traitements d'un homme «de moralité douteuse». J'avais provoqué sur la plage les adversaires de Raymond. Celui-ci avait été blessé. Je lui avais demandé son revolver. J'étais revenu seul pour m'en servir. J'avais abattu l'Arabe comme je le projetais. J'avais attendu. Et «pour être sûr que la besogne était bien faite», j'avais tiré encore quatre balles, posément, à coup sûr, d'une façon réfléchie en quelque sorte.

«Et voilà, Messieurs, a dit l'avocat général. J'ai retracé devant vous le fil d'événements qui a conduit cet homme à tuer en pleine connaissance de cause. J'insiste là-dessus, a-t-il dit. Car il ne s'agit pas d'un assassinat ordinaire, d'un acte irréfléchi que vous pourriez estimer atténué par les circonstances. Cet homme, Messieurs, cet homme est intelligent. Vous l'avez entendu, n'est-ce pas? Il sait répondre. Il connaît la valeur des mots. Et l'on ne peut pas dire qu'il a agi sans se rendre compte de ce qu'il faisait.»

Moi j'écoutais et j'entendais qu'on me jugeait intelligent. Mais je ne comprenais pas bien comment les qualités d'un homme ordinaire pouvaient devenir des charges écrasantes contre un coupable. Du moins, c'était cela qui me frappait et je n'ai plus écouté le procureur jusqu'au moment où je l'ai entendu dire: «A-t-il seulement exprimé des regrets? Jamais, Messieurs. Pas une seule fois au cours de l'instruction cet homme n'a paru ému de son abominable forfait.» A ce moment, il s'est tourné vers moi et m'a désigné du doigt en continuant à m'accabler sans qu'en réalité je comprenne bien pourquoi. Sans doute, je ne pouvais pas m'empêcher de reconnaître qu'il avait raison. Je ne regrettais pas beaucoup mon acte. Mais tant d'acharnement m'étonnait. J'aurais voulu essayer de lui expliquer cordialement, presque avec affection, que je n'avais jamais pu regretter vraiment quelque chose. J'étais toujours pris par ce qui allait arriver, par aujourd'hui ou par demain. Mais naturellement, dans l'état où l'on m'avait mis, je ne pouvais parler à personne sur ce ton.

la moralité *(sout.)* morale **la besogne** travail, ouvrage à faire **posément** *(adv.)* sans se presser, d'une manière calme **le fil** suite logique **en pleine connaissance de cause** avec une très claire conscience de ce que l'on fait **un assassinat** *(jur.)* (Meuchel-)Mord **atténuer** *(abstr.)* rendre moins grave **intelligent,e** sens: il est capable de comprendre (le procureur parle de sa faculté intellective pour établir la responsabilité de l'accusé). Mais le je-narrateur (Meursault) reprend le terme ‹intelligent› dans le sens de qualité individuelle (être habile, éveillé). Dès lors, l'argument du procureur devient absurde **la charge** *(jur.)* point d'une accusation, élément défavorable à un accusé (Anklagepunkt, belastender Umstand) **écrasant,e** *(fig.)* erdrückend, vernichtend **abominable** atroce, monstrueux **le forfait** crime très grave **accabler qn** le confondre, l'écraser (schwer belasten) **pas beaucoup** sens: pas du tout **un acharnement** rage, animosité

Je n'avais pas le droit de me montrer affectueux, d'avoir de la bonne volonté. Et j'ai essayé d'écouter encore parce que le procureur s'est mis à parler de mon âme.

Il disait qu'il s'était penché sur elle et qu'il n'avait rien trouvé, Messieurs les jurés. Il disait qu'à la vérité, je n'en avais point, d'âme, et que rien d'humain, et pas un des principes moraux qui gardent le cœur des hommes ne m'était accessible. «Sans doute, ajoutait-il, nous ne saurions le lui reprocher. Ce qu'il ne saurait acquérir, nous ne pouvons nous plaindre qu'il en manque. Mais quand il s'agit de cette cour, la vertu toute négative de la tolérance doit se muer en celle, moins facile, mais plus élevée, de la justice. Surtout lorsque le vide du cœur tel qu'on le découvre chez cet homme devient un gouffre où la société peut succomber.» C'est alors qu'il a parlé de mon attitude envers maman. Il a répété ce qu'il avait dit pendant les débats. Mais il a été beaucoup plus long que lorsqu'il parlait de mon crime, si long même que, finalement, je n'ai plus senti que la chaleur de cette matinée. Jusqu'au moment, du moins, où l'avocat général s'est arrêté et, après un moment de silence, a repris d'une voix très basse et très pénétrée: «Cette même cour, Messieurs, va juger demain le plus abominable des forfaits: le meurtre d'un père.» Selon lui, l'imagination reculait devant cet atroce attentat. Il osait espérer que la justice des hommes punirait sans faiblesse. Mais, il ne craignait pas de le dire, l'horreur que lui inspirait ce crime le cédait presque à celle qu'il ressentait devant mon insensibilité. Toujours selon lui, un homme qui tuait moralement sa mère se retranchait de la société des hommes au même titre que celui qui portait une main meurtrière sur l'auteur de ses jours. Dans tous les cas, le premier préparait les actes du second, il les annonçait en quelque sorte et il les légitimait. «J'en suis persuadé, Messieurs, a-t-il ajouté en élevant la voix, vous ne trouverez pas ma pensée trop audacieuse, si je dis que l'homme qui est assis sur ce banc est coupable aussi du meurtre que cette cour devra juger demain. Il doit être puni en conséquence.» Ici, le procureur a essuyé son visage brillant de sueur. Il a dit enfin que son devoir était douloureux, mais qu'il l'accomplirait fermement. Il a déclaré que je n'avais rien à faire avec une société dont je méconnaissais les règles

accessible *(sout.)* ce qui peut être compris; compréhensible **nous ne saurions ...** équivalent atténué de ‹nous ne pouvons› ... **se muer en qc** se transformer en **le gouffre** *(fig.)* abîme (Abgrund) **succomber** mourir, périr (untergehen, umkommen) **(une voix) très pénétrée** très sûre d'elle-même; qui marque la conviction **atroce** effroyable, monstrueux **le céder à qc** *(fig.)* lui être inférieur (hinter etw zurückstehen) **se retrancher de** *(fig.)* s'exclure, s'éliminer **au même titre que** exactement comme, de même que **l'auteur de ses jours** sens: le père (il s'agit d'une figure de rhétorique: d'une périphrase) **audacieux,euse** kühn, verwegen **fermement** *(adv.)* sans aucune hésitation

les plus essentielles et que je ne pouvais pas en appeler à ce cœur humain dont j'ignorais les réactions élémentaires. «Je vous demande la tête de cet homme, a-t-il dit, et c'est le cœur léger que je vous la demande. Car s'il m'est arrivé au cours de ma déjà longue carrière de réclamer des peines capitales, jamais autant qu'aujourd'hui, je n'ai senti ce pénible devoir compensé, balancé, éclairé par la conscience d'un commandement impérieux et sacré et par l'horreur que je ressens devant un visage d'homme où je ne lis rien que de monstrueux.»

Quand le procureur s'est rassis, il y a eu un moment de silence assez long. Moi, j'étais étourdi de chaleur et d'étonnement. Le président a toussé un peu et sur un ton très bas, il m'a demandé si je n'avais rien à ajouter. Je me suis levé et comme j'avais envie de parler, j'ai dit, un peu au hasard d'ailleurs, que je n'avais pas eu l'intention de tuer l'Arabe. Le président a répondu que c'était une affirmation, que jusqu'ici il saisissait mal mon système de défense et qu'il serait heureux, avant d'entendre mon avocat, de me faire préciser les motifs qui avaient inspiré mon acte. J'ai dit rapidement, en mêlant un peu les mots et en me rendant compte de mon ridicule, que c'était à cause du soleil. Il y a eu des rires dans la salle. Mon avocat a haussé les épaules et tout de suite après, on lui a donné la parole. Mais il a déclaré qu'il était tard, qu'il en avait pour plusieurs heures et qu'il demandait le renvoi à l'après-midi. La cour y a consenti.

L'après-midi, les grands ventilateurs brassaient toujours l'air épais de la salle, et les petits éventails multicolores des jurés s'agitaient tous dans le même sens. La plaidoirie de mon avocat me semblait ne devoir jamais finir. A un moment donné, cependant, je l'ai écouté parce qu'il disait: «Il est vrai que j'ai tué.» Puis il a continué sur ce ton, disant «je» chaque fois qu'il parlait de moi. J'étais très étonné. Je me suis penché vers un gendarme et je lui ai demandé pourquoi. Il m'a dit de me taire et, après un moment, il a ajouté: «Tous les avocats font ça.» Moi, j'ai pensé que c'était m'écarter encore de l'affaire, me réduire à zéro et, en un certain sens, se substituer à moi. Mais je crois que j'étais déjà très loin de cette salle d'audience. D'ailleurs, mon avocat m'a semblé ridicule. Il a plaidé la provocation très rapidement et puis lui aussi a parlé de mon âme. Mais il m'a paru qu'il avait beaucoup moins de talent que le procureur. «Moi aussi,

réclamer qc à qn demander une chose due et juste; revendiquer **la peine capitale** *(jur.)* Todesstrafe **pénible** dur, douloureux **le commandement** *(rel.)* loi, précepte transmis par Dieu (Gebot, Befehl) **impérieux,euse** absolu, pressant **se rasseoir** s'asseoir de nouveau **au hasard** *(loc. adv.)* à l'aventure, sans réflexion **saisir** comprendre **le renvoi** *(jur.)* Vertagung **brasser qc** agiter vigoureusement, faire tournoyer (durcheinanderwirbeln) **se substituer à qn** prendre la place de **la provocation** *(jur.)* Anstiftung

a-t-il dit, je me suis penché sur cette âme, mais, contrairement à l'éminent représentant du ministère public, j'ai trouvé quelque chose et je puis dire que j'y ai lu à livre ouvert.» Il y avait lu que j'étais un honnête homme, un travailleur régulier, infatigable, fidèle à la maison qui l'employait, aimé de tous et compatissant aux misères d'autrui. Pour lui, j'étais un fils modèle qui avait soutenu sa mère aussi longtemps qu'il l'avait pu. Finalement j'avais espéré qu'une maison de retraite donnerait à la vieille femme le confort que mes moyens ne me permettaient pas de lui procurer. «Je m'étonne, Messieurs, a-t-il ajouté, qu'on ait mené si grand bruit autour de cet asile. Car enfin, s'il fallait donner une preuve de l'utilité et de la grandeur de ces institutions, il faudrait bien dire que c'est l'Etat lui-même qui les subventionne.» Seulement, il n'a pas parlé de l'enterrement et j'ai senti que cela manquait dans sa plaidoirie. Mais à cause de toutes ces longues phrases, de toutes ces journées et ces heures interminables pendant lesquelles on avait parlé de mon âme, j'ai eu l'impression que tout devenait comme une eau incolore où je trouvais le vertige.

A la fin, je me souviens seulement que, de la rue et à travers tout l'espace des salles et des prétoires, pendant que mon avocat continuait à parler, la trompette d'un marchand de glace a résonné jusqu'à moi. J'ai été assailli des souvenirs d'une vie qui ne m'appartenait plus, mais où j'avais trouvé les plus pauvres et les plus tenaces de mes joies: des odeurs d'été, le quartier que j'aimais, un certain ciel du soir, le rire et les robes de Marie. Tout ce que je faisais d'inutile en ce lieu m'est alors remonté à la gorge et je n'ai eu qu'une hâte, c'est qu'on en finisse et que je retrouve ma cellule avec le sommeil. C'est à peine si j'ai entendu mon avocat s'écrier, pour finir, que les jurés ne voudraient pas envoyer à la mort un travailleur honnête perdu par une minute d'égarement, et demander les circonstances atténuantes pour un crime dont je traînais déjà, comme le plus sûr

éminent,e formule toute faite, qui est ici moins élogieuse qu'ironique (hervorragend, ausgezeichnet) **le ministère public** *(jur.)* Staatsanwaltschaft **le représentant du ministère public** *(jur.)* le procureur, c'est-à-dire l'avocat de la société, par opposition à l'avocat de la défense **(lire) à livre ouvert** sens: comme si j'avais lu dans un livre ouvert devant moi **employer qn** lui donner un emploi **compatissant,e** qui prend part aux souffrances des autres (mitfühlend) **autrui** un autre, les autres (hommes) **la maison de retraite** asile **mener grand bruit autour de qc** accorder une grande importance à **incolore** qui n'a pas de couleur **le vertige** Schwindel, Taumel **assaillir qn de qc** *(abstr.)* exciter, tourmenter (bedrängen) **tenace** durable, qui demeure (dauerhaft, nachhaltig) **remonter à la gorge** *(fig.)* wieder hochkommen, sich einer Sache wieder bewusst werden **un égarement** perte de contrôle de soi (Ver(w)irrung) **les circonstances atténuantes** *(jur.)* mildernde Umstände **traîner qc** *(fig.)* l'emporter avec soi, subir misérablement (mit sich herumschleppen)

de mes châtiments, le remords éternel. La cour a suspendu l'audience et l'avocat s'est assis d'un air épuisé. Mais ses collègues sont venus vers lui pour lui serrer la main. J'ai entendu: «Magnifique, mon cher.» L'un d'eux m'a même pris à témoin: «Hein?» m'a-t-il dit. J'ai acquiescé, mais mon compliment n'était pas sincère, parce que j'étais trop fatigué.

Pourtant, l'heure déclinait au-dehors et la chaleur était moins forte. Aux quelques bruits de rue que j'entendais, je devinais la douceur du soir. Nous étions là, tous, à attendre. Et ce qu'ensemble nous attendions ne concernait que moi. J'ai encore regardé la salle. Tout était dans le même état que le premier jour. J'ai rencontré le regard du journaliste à la veste grise et de la femme automate. Cela m'a donné à penser que je n'avais pas cherché Marie du regard pendant tout le procès. Je ne l'avais pas oubliée, mais j'avais trop à faire. Je l'ai vue entre Céleste et Raymond. Elle m'a fait un petit signe comme si elle disait. «Enfin», et j'ai vu son visage un peu anxieux qui souriait. Mais je sentais mon cœur fermé et je n'ai même pas pu répondre à son sourire.

La cour est revenue. Très vite, on a lu aux jurés une série de questions. J'ai entendu «coupable de meurtre» ... «préméditation» ... «circonstances atténuantes». Les jurés sont sortis et l'on m'a emmené dans la petite pièce où j'avais déjà attendu. Mon avocat est venu me rejoindre: il était très volubile et m'a parlé avec plus de confiance et de cordialité qu'il ne l'avait jamais fait. Il pensait que tout irait bien et que je m'en tirerais avec quelques années de prison ou de bagne. Je lui ai demandé s'il y avait des chances de cassation en cas de jugement défavorable. Il m'a dit que non. Sa tactique avait été de ne pas déposer de conclusions pour ne pas indisposer le jury. Il m'a expliqué qu'on ne cassait pas un jugement, comme cela, pour rien. Cela m'a paru évident et je me suis rendu à ses raisons. A considérer froidement la chose, c'était tout à fait naturel. Dans le cas con-

le châtiment *(sout.)* punition, correction sévère (Strafe, Sühne) **le remords** regret, repentir (Gewissensbiss, Schuldgefühl) **suspendre qc** *(abstr.)* l'interrompre pour quelque temps **prendre qn à témoin** *(jur.)* invoquer son témoignage (jdn als Zeugen anrufen) **acquiescer** accepter, dire oui **décliner** baisser, approcher de sa fin (fortschreiten, sich dem Ende nähern) **la préméditation** *(jur.)* Vorbedacht, Vorsatz **volubile** bavard; qui parle avec abondance **s'en tirer avec qc** *(fam.)* en être quitte pour, n'avoir que (mit etw davonkommen) **le bagne** *(jur.)* Zwangsarbeit **la cassation** *(jur.)* annulation d'une décision juridique **déposer des conclusions** *(jur.)* (Schluss-)Anträge einbringen, stellen **indisposer qn** mécontenter, rendre peu favorable (sens: sa plaidoirie, au contraire, s'adresse aux jurés) (verärgern, verstimmen) **casser (un jugement)** *(jur.)* le déclarer nul **se rendre à qc de qn** se soumettre, obéir **A considérer ...** l'infinitif précédé de la préposition ‹à› s'emploie ici comme proposition conditionnelle **froidement** *(adv.)* calmement; en gardant la tête lucide

traire, il y aurait trop de paperasses inutiles. «De toute façon, m'a dit mon avocat, il y a le pourvoi. Mais je suis persuadé que l'issue sera favorable.»

Nous avons attendu très longtemps, près de trois quarts d'heure, je crois. Au bout de ce temps, une sonnerie a retenti. Mon avocat m'a quitté en disant: «Le président du jury va lire les réponses. On ne vous fera entrer que pour l'énoncé du jugement.» Des portes ont claqué. Des gens couraient dans des escaliers dont je ne savais pas s'ils étaient proches ou éloignés. Puis j'ai entendu une voix sourde lire quelque chose dans la salle. Quand la sonnerie a encore retenti, que la porte du box s'est ouverte, c'est le silence de la salle qui est monté vers moi, le silence, et cette singulière sensation que j'ai eue lorsque j'ai constaté que le jeune journaliste avait détourné ses yeux. Je n'ai pas regardé du côté de Marie. Je n'en ai pas eu le temps parce que le président m'a dit dans une forme bizarre que j'aurais la tête tranchée sur une place publique au nom du peuple français. Il m'a semblé alors reconnaître le sentiment que je lisais sur tous les visages. Je crois bien que c'était de la considération. Les gendarmes étaient très doux avec moi. L'avocat a posé sa main sur mon poignet. Je ne pensais plus à rien. Mais le président m'a demandé si je n'avais rien à ajouter. J'ai réfléchi. J'ai dit: «Non.» C'est alors qu'on m'a emmené.

V

Pour la troisième fois, j'ai refusé de recevoir l'aumônier. Je n'ai rien à lui dire, je n'ai pas envie de parler, je le verrai bien assez tôt. Ce qui m'intéresse en ce moment, c'est d'échapper à la mécanique, de savoir si l'inévitable peut avoir une issue. On m'a changé de cellule. De celle-ci, lorsque je suis allongé, je vois le ciel et je ne vois que lui. Toutes mes journées se passent à regarder sur son visage le déclin des couleurs qui conduit le jour à la nuit. Couché, je passe les mains sous ma tête et j'attends. Je ne sais combien de fois je me suis demandé s'il y avait des exemples de condamnés à mort qui eussent échappé au mécanisme implacable, disparu avant l'exécution, rompu les cordons d'agents. Je me reprochais

les paperasses *(f.)* papiers écrits, considérés comme inutiles (Papierkram) **le pourvoi (en grâce)** *(jur.)* Gnadengesuch **Un énoncé (du jugement)** *(jur.)* (Urteils-)Verkündung **avoir la tête tranchée** *(jur.)* geköpft werden **la considération** estime, respect **un aumônier** prêtre (Geistlicher) **la mécanique** mécanisme de l'appareil judiciaire **inévitable** qu'on ne peut éviter; fatal (unabänderlich) **s'allonger** s'étendre de tout son long; se coucher **le déclin** effacement progressif (Schwinden, Verblassen) **implacable** impitoyable (unerbittlich) **le cordon d'agents** rangée d'agents de police pour séparer la foule du condamné

alors de n'avoir pas prêté assez d'attention aux récits d'exécution. On devrait toujours s'intéresser à ces questions. On ne sait jamais ce qui peut arriver. Comme tout le monde, j'avais lu les comptes rendus dans les journaux. Mais il y avait certainement des ouvrages spéciaux que je n'avais jamais eu la curiosité de consulter. Là, peut-être, j'aurais trouvé des récits d'évasion. J'aurais appris que dans un cas au moins la roue s'était arrêtée, que dans cette préméditation irrésistible, le hasard et la chance, une fois seulement, avaient changé quelque chose. Une fois! Dans un sens, je crois que cela m'aurait suffi. Mon cœur aurait fait le reste. Les journaux parlaient souvent d'une dette qui était due à la société. Il fallait, selon eux, la payer. Mais cela ne parle pas à l'imagination. Ce qui comptait, c'était une possibilité d'évasion, un saut hors du rite implacable, une course à la folie qui offrît toutes les chances de l'espoir. Naturellement, l'espoir, c'était d'être abattu au coin d'une rue, en pleine course, et d'une balle à la volée. Mais tout bien considéré, rien ne me permettait ce luxe, tout me l'interdisait, la mécanique me reprenait.

Malgré ma bonne volonté, je ne pouvais pas accepter cette certitude insolente. Car enfin, il y avait une disproportion ridicule entre le jugement qui l'avait fondée et son déroulement imperturbable à partir du moment où ce jugement avait été prononcé. Le fait que la sentence avait été lue à vingt heures plutôt qu'à dix-sept, le fait qu'elle aurait pu être tout autre, qu'elle avait été prise par des hommes qui changent de linge, qu'elle avait été portée au crédit d'une notion aussi imprécise que le peuple français (ou allemand, ou chinois), il me semblait bien que tout cela enlevait beaucoup de sérieux à une telle décision. Pourtant, j'étais obligé de reconnaître que dès la seconde où elle avait été prise, ses effets devenaient aussi certains, aussi sérieux, que la présence de ce mur tout le long duquel j'écrasais mon corps.

Je me suis souvenu dans ces moments d'une histoire que maman me racontait à propos de mon père. Je ne l'avais pas connu. Tout ce que je

prêter attention à qc y être attentif **la roue** sens: la roue du mécanisme **la préméditation** en philosophie: le fait de penser à l'avance à un événement (Vorausdenken) **irrésistible** à quoi on ne peut résister; implacable (unwiderstehlich) **le rite** *(fig.)* pratique réglée et invariable **à la folie** avec passion, avec une ardeur extrême (bis zum Wahnsinn, wahnsinnig) **le saut ... un espoir ...** voir à ce propos l'étude de Camus «l'espoir et l'absurde dans l'œuvre de Franz Kafka» (1943); le saut est une espèce de refus de reconnaître «qu'il n'y a pas d'issue» **la balle** Geschoss, Kugel **à la volée** au vol, en l'air **insolent,e** déplacé, indécent (anmaßend, unverschämt) **imperturbable** que rien ne peut troubler (unerschütterlich) **porter (une sentence)** la formuler, l'émettre **au crédit de** im Namen von, unter Berufung auf **enlever le sérieux à qc** ihm etw. den Ernst nehmen **une histoire ...** On retrouve cette histoire dans «La peste» et dans les «Réflexions sur la guillotine». L'aventure est arrivée au père d'Albert Camus

connaissais de précis sur cet homme, c'était peut-être ce que m'en disait alors maman: il était allé voir exécuter un assassin. Il était malade à l'idée d'y aller. Il l'avait fait cependant et au retour il avait vomi une partie de la matinée. Mon père me dégoûtait un peu alors. Maintenant je comprenais, c'était si naturel. Comment n'avais-je pas vu que rien n'était plus important qu'une exécution capitale et que, en somme, c'était la seule chose vraiment intéressante pour un homme! Si jamais je sortais de cette prison, j'irais voir toutes les exécutions capitales. J'avais tort, je crois, de penser à cette possibilité. Car à l'idée de me voir libre par un petit matin derrière un cordon d'agents, de l'autre côté en quelque sorte, à l'idée d'être le spectateur qui vient voir et qui pourra vomir après, un flot de joie empoisonnée me montait au cœur. Mais ce n'était pas raisonnable. J'avais tort de me laisser aller à ces suppositions parce que, l'instant d'après, j'avais si affreusement froid que je me recroquevillais sous ma couverture. Je claquais des dents sans pouvoir me retenir.

Mais, naturellement, on ne peut pas être toujours raisonnable. D'autres fois, par exemple, je faisais des projets de loi. Je réformais les pénalités. J'avais remarqué que l'essentiel était de donner une chance au condamné. Une seule sur mille, cela suffisait pour arranger bien des choses. Ainsi, il me semblait qu'on pouvait trouver une combinaison chimique dont l'absorption tuerait le patient (je pensais: le patient) neuf fois sur dix. Lui le saurait, c'était la condition. Car en réfléchissant bien, en considérant les choses avec calme, je constatais que ce qui était défectueux avec le couperet, c'est qu'il n'y avait aucune chance, absolument aucune. Une fois pour toutes, en somme, la mort du patient avait été décidée. C'était une affaire classée, une combinaison bien arrêtée, un accord entendu et sur lequel il n'était pas question de revenir. Si le coup ratait, par extraordinaire, on recommençait. Par suite, ce qu'il y avait d'ennuyeux, c'est qu'il fallait que le condamné souhaitât le bon fonctionnement de la machine. Je dis que c'est le côté défectueux. Cela est vrai, dans un sens. Mais, dans un autre sens, j'étais obligé de reconnaître que tout le secret d'une bonne

vomir on vomit quand on a la nausée, quand on a mal au cœur (sich übergeben) **une exécution capitale** *(jur.)* Hinrichtung **le petit matin** de très bonne heure **(la joie) empoisonnée** gâtée, troublée (vergiftet, vergällt) **se recroqueviller** sich zusammenrollen **le projet de loi** *(jur.)* Gesetzentwurf, Gesetzesvorlage **la pénalité** *(jur.)* Strafvollzug **une absorption** c'est avaler, prendre, manger un produit, un médicament (Einnahme) **le patient** *(par ext.)* sens: les fonctionnaires traitent du condamné comme du ‹patient› **défectueux,euse** imparfait, mauvais **le couperet** *(jur.)* Fallbeil **la combinaison** arrangement, calcul **être arrêté,e** cesser de fonctionner **une combinaison bien arrêtée** unverrückbar feststehende Maßnahme **(un accord) entendu** réglé, convenu **rater** *(fam.)* ne pas réussir, échouer **par extraordinaire** par un événement peu probable, par exception

organisation était là. En somme, le condamné était obligé de collaborer moralement. C'était son intérêt que tout marchât sans accroc.

J'étais obligé de constater aussi que jusqu'ici j'avais eu sur ces questions des idées qui n'étaient pas justes. J'ai cru longtemps – et je ne sais pas pourquoi – que pour aller à la guillotine, il fallait monter sur un échafaud, gravir des marches. Je crois que c'était à cause de la Révolution de 1789, je veux dire à cause de tout ce qu'on m'avait appris ou fait voir sur ces questions. Mais un matin, je me suis souvenu d'une photographie publiée par les journaux à l'occasion d'une exécution retentissante. En réalité, la machine était posée à même le sol, le plus simplement du monde. Elle était beaucoup plus étroite que je ne le pensais. C'était assez drôle que je ne m'en fusse pas avisé plus tôt. Cette machine sur le cliché m'avait frappé par son aspect d'ouvrage de précision, fini et étincelant. On se fait toujours des idées exagérées de ce qu'on ne connaît pas. Je devais constater au contraire que tout était simple: la machine est au même niveau que l'homme qui marche vers elle. Il la rejoint comme on marche à la rencontre d'une personne. Cela aussi était ennuyeux. La montée vers l'échafaud, l'ascension en plein ciel, l'imagination pouvait s'y raccrocher. Tandis que, là encore, la mécanique écrasait tout: on était tué discrètement, avec un peu de honte et beaucoup de précision.

Il y avait aussi deux choses à quoi je réfléchissais tout le temps: l'aube et mon pourvoi. Je me raisonnais cependant et j'essayais de n'y plus penser. Je m'étendais, je regardais le ciel, je m'efforçais de m'y intéresser. Il devenait vert, c'était le soir. Je faisais encore un effort pour détourner le cours de mes pensées. J'écoutais mon cœur. Je ne pouvais imaginer que ce bruit qui m'accompagnait depuis si longtemps pût jamais cesser. Je n'ai jamais eu de véritable imagination. J'essayais pourtant de me représenter une certaine seconde où le battement de ce cœur ne se prolongerait plus

sans accroc *(fig. fam.)* sans incident, sans difficulté **un échafaud** Podest, Schafott **une photographie publiée par les journaux ...** La dernière exécution publique fut celle de Weidmann, auteur de plusieurs meurtres, en 1939, à Versailles. Il y avait foule sur la place: des photographies furent prises et reproduites dans *Paris-Soir.* L'administration et le gouvernement crièrent au scandale contre ces photos à sensation, et il fut décidé de supprimer les exécutions en public. Cf. à ce propos A. Camus: *Réflexions sur la guillotine* (1957) **retentissant,e** qui attire l'attention du public; éclatant (Aufsehen erregend) **à même le sol** par terre **s'aviser de qc** découvrir, s'apercevoir **fini,e** *(par ext.)* mené à son point de perfection; achevé (vollendet) **une ascension** montée, élévation (dans le ciel) **en plein ciel** très haut dans les airs **un peu de honte ...** Camus n'a-t-il pas lu Kafka? Cf. la fin du roman *Le Procès:* «‹Wie ein Hund!› sagte er, es war, als sollte die Scham ihn überleben.» **une aube** *(litt.)* Morgengrauen, Tagesanbruch **se raisonner** essayer de se calmer; écouter la voix de la raison **le battement** pulsation (Schlagen)

dans ma tête. Mais en vain. L'aube ou mon pourvoi étaient là. Je finissais par me dire que le plus raisonnable était de ne pas me contraindre.

C'est à l'aube qu'ils venaient, je le savais. En somme, j'ai occupé mes nuits à attendre cette aube. Je n'ai jamais aimé être surpris. Quand il m'arrive quelque chose, je préfère être là. C'est pourquoi j'ai fini par ne plus dormir qu'un peu dans mes journées et, tout le long de mes nuits, j'ai attendu patiemment que la lumière naisse sur la vitre du ciel. Le plus difficile, c'était l'heure douteuse où je savais qu'ils opéraient d'habitude. Passé minuit, j'attendais et je guettais. Jamais mon oreille n'avait perçu tant de bruits, distingué de sons si ténus. Je peux dire, d'ailleurs, que d'une certaine façon j'ai eu de la chance pendant toute cette période, puisque je n'ai jamais entendu de pas. Maman disait souvent qu'on n'est jamais tout à fait malheureux. Je l'approuvais dans ma prison, quand le ciel se colorait et qu'un nouveau jour glissait dans ma cellule. Parce qu'aussi bien, j'aurais pu entendre des pas et mon cœur aurait pu éclater. Même si le moindre glissement me jetait à la porte, même si, l'oreille collée au bois, j'attendais éperdument jusqu'à ce que j'entende ma propre respiration, effrayé de la trouver rauque et si pareille au râle d'un chien, au bout du compte mon cœur n'éclatait pas et j'avais encore gagné vingt-quatre heures.

Pendant tout le jour, il y avait mon pourvoi. Je crois que j'ai tiré le meilleur parti de cette idée. Je calculais mes effets et j'obtenais de mes réflexions le meilleur rendement. Je prenais toujours la plus mauvaise supposition: mon pourvoi était rejeté. «Eh bien, je mourrai donc.» Plus tôt que d'autres, c'était évident. Mais tout le monde sait que la vie ne vaut pas la peine d'être vécue. Dans le fond, je n'ignorais pas que mourir à trente ans ou à soixante-dix ans importe peu puisque, naturellement, dans les deux cas, d'autres hommes et d'autres femmes vivront, et cela pendant des milliers d'années. Rien n'était plus clair, en somme. C'était toujours moi qui mourrais, que ce soit maintenant ou dans vingt ans. A ce moment, ce qui me gênait un peu dans mon raisonnement, c'était ce bond terrible que je sentais en moi à la pensée de vingt ans de vie à venir. Mais je n'avais qu'à l'étouffer en imaginant ce que seraient mes pensées

opérer procéder; faire l'acte, l'action qu'on a à faire **guetter** lauern, lauschen **percevoir qc** l'apercevoir, discerner **ténu,e** très fin, léger (fein, zart) **jeter qn** le pousser, le diriger avec force **éperdument** *(adv.)* totalement égaré, troublé (verzweifelt, wie von Sinnen) **rauque** rau **le râle** Röcheln, Hecheln **au bout du compte** en fin de compte, tout bien considéré (exprime une conclusion logique) **tirer le meilleur parti de qc** aus etw das Beste machen **les effets** *(m. jur.)* Wirkung, Aussichten **le rendement** *(écon.)* Ergebnis, Ertrag **rejeter qc** le refuser, le repousser **à venir** futur; qui apparaîtra plus tard

dans vingt ans quand il me faudrait quand même en venir là. Du moment qu'on meurt, comment et quand, cela n'importe pas, c'était évident. Donc (et le difficile c'était de ne pas perdre de vue tout ce que ce «donc» représentait de raisonnements), donc, je devais accepter le rejet de mon pourvoi.

A ce moment, à ce moment seulement, j'avais pour ainsi dire le droit, je me donnais en quelque sorte la permission d'aborder la deuxième hypothèse: j'étais gracié. L'ennuyeux, c'est qu'il fallait rendre moins fougueux cet élan du sang et du corps qui me piquait les yeux d'une joie insensée. Il fallait que je m'applique à réduire ce cri, à le raisonner. Il fallait que je sois naturel même dans cette hypothèse, pour rendre plus plausible ma résignation dans la première. Quand j'avais réussi, j'avais gagné une heure de calme. Cela, tout de même, était à considérer.

C'est à un semblable moment que j'ai refusé une fois de plus de recevoir l'aumônier. J'étais étendu et je devinais l'approche du soir d'été à une certaine blondeur du ciel. Je venais de rejeter mon pourvoi et je pouvais sentir les ondes de mon sang circuler régulièrement en moi. Je n'avais pas besoin de voir l'aumônier. Pour la première fois depuis bien longtemps, j'ai pensé à Marie. Il y avait de longs jours qu'elle ne m'écrivait plus. Ce soir-là, j'ai réfléchi et je me suis dit qu'elle s'était peut-être fatiguée d'être la maîtresse d'un condamné à mort. L'idée m'est venue aussi qu'elle était peut-être malade ou morte. C'était dans l'ordre des choses. Comment l'aurais-je su puisqu'en dehors de nos deux corps maintenant séparés, rien ne nous liait et ne nous rappelait l'un à l'autre. A partir de ce moment, d'ailleurs, le souvenir de Marie m'aurait été indifférent. Morte, elle ne m'intéressait plus. Je trouvais cela normal comme je comprenais très bien que les gens m'oublient après ma mort. Ils n'avaient plus rien à faire avec moi. Je ne pouvais même pas dire que cela était dur à penser.

C'est à ce moment précis que l'aumônier est entré. Quand je l'ai vu, j'ai eu un petit tremblement. Il s'en est aperçu et m'a dit de ne pas avoir peur. Je lui ai dit qu'il venait d'habitude à un autre moment. Il m'a répondu que c'était une visite tout amicale qui n'avait rien à voir avec mon pourvoi dont il ne savait rien. Il s'est assis sur ma couchette et m'a invité à me mettre près de lui. J'ai refusé. Je lui trouvais tout de même un air très doux.

en venir à qc zu etw kommen **le rejet** *(jur.)* Verwerfung, Ablehnung **gracier (un condamné)** *(jur.)* begnadigen **fougueux,euse** ardent, violent **un élan** mouvement spontané, impulsion (Regung, Aufwallung) **piquer les yeux de qn** les exciter, les frapper vivement (jdm etw in die Augen treiben) **insensé,e** enthousiaste; qui a perdu la raison (unsinnig, irrsinnig) **s'appliquer à** s'attacher à (sich bemühen, etw zu tun) **raisonner qc** *(litt.)* examiner par la raison **c'est dans l'ordre des choses** c'est normal, inévitable **n'avoir rien à voir avec qc** mit etw nichts zu tun haben **la couchette** petit lit (Pritsche)

Il est resté un moment assis, les avant-bras sur les genoux, la tête baissée, à regarder ses mains. Elles étaient fines et musclées, elles me faisaient penser à deux bêtes agiles. Il les a frottées lentement l'une contre l'autre. Puis il est resté ainsi, la tête toujours baissée, pendant si longtemps que j'ai eu l'impression, un instant, que je l'avais oublié.

Mais il a relevé brusquement la tête et m'a regardé en face: «Pourquoi, m'a-t-il dit, refusez-vous mes visites?» J'ai répondu que je ne croyais pas en Dieu. Il a voulu savoir si j'en étais bien sûr et j'ai dit que je n'avais pas à me le demander: cela me paraissait une question sans importance. Il s'est alors renversé en arrière et s'est adossé au mur, les mains à plat sur les cuisses. Presque sans avoir l'air de me parler, il a observé qu'on se croyait sûr, quelquefois, et, en réalité, on ne l'était pas. Je ne disais rien. Il m'a regardé et m'a interrogé: «Qu'en pensez-vous?» J'ai répondu que c'était possible. En tout cas, je n'étais peut-être pas sûr de ce qui m'intéressait réellement, mais j'étais tout à fait sûr de ce qui ne m'intéressait pas. Et justement, ce dont il me parlait ne m'intéressait pas.

Il a détourné les yeux et, toujours sans changer de position, m'a demandé si je ne parlais pas ainsi par excès de désespoir. Je lui ai expliqué que je n'étais pas désespéré. J'avais seulement peur, c'était bien naturel. «Dieu vous aiderait alors, a-t-il remarqué. Tous ceux que j'ai connus dans votre cas se retournaient vers lui.» J'ai reconnu que c'était leur droit. Cela prouvait aussi qu'ils en avaient le temps. Quant à moi, je ne voulais pas qu'on m'aidât et justement le temps me manquait pour m'intéresser à ce qui ne m'intéressait pas.

A ce moment, ses mains ont eu un geste d'agacement, mais il s'est redressé et a arrangé les plis de sa robe. Quand il a eu fini, il s'est adressé à moi en m'appelant «mon ami»: s'il me parlait ainsi ce n'était pas parce que j'étais condamné à mort; à son avis, nous étions tous condamnés à mort. Mais je l'ai interrompu en lui disant que ce n'était pas la même chose et que, d'ailleurs, ce ne pouvait être, en aucun cas, une consolation. «Certes, a-t-il approuvé. Mais vous mourrez plus tard si vous ne mourez pas aujourd'hui. La même question se posera alors. Comment aborderez-vous cette terrible épreuve?» J'ai répondu que je l'aborderais exactement comme je l'abordais en ce moment.

Il s'est levé à ce mot et m'a regardé droit dans les yeux. C'est un jeu que je connaissais bien. Je m'en amusais souvent avec Emmanuel ou

trouver qc (une attitude p.ex.) à qn lui reconnaître une qualité (an jdm etw bemerken) **se renverser en arrière** se pencher fort en arrière (sich zurücklehnen) **la cuisse** (Ober-)Schenkel **par excès de désespoir** aus übergroßer Verzweiflung **la consolation** Trost **certes** *(adv. sout.)* bien sûr, naturellement **une épreuve** (Schicksals-)Prüfung

Céleste et, en général, ils détournaient leurs yeux. L'aumônier aussi connaissait bien ce jeu, je l'ai tout de suite compris: son regard ne tremblait pas. Et sa voix non plus n'a pas tremblé quand il m'a dit: «N'avez-vous donc aucun espoir et vivez-vous avec la pensée que vous allez mourir tout entier? – Oui», ai-je répondu.

Alors, il a baissé la tête et s'est rassis. Il m'a dit qu'il me plaignait. Il jugeait cela impossible à supporter pour un homme. Moi, j'ai seulement senti qu'il commençait à m'ennuyer. Je me suis détourné à mon tour et je suis allé sous la lucarne. Je m'appuyais de l'épaule contre le mur. Sans bien le suivre, j'ai entendu qu'il recommençait à m'interroger. Il parlait d'une voix inquiète et pressante. J'ai compris qu'il était ému et je l'ai mieux écouté.

Il me disait sa certitude que mon pourvoi serait accepté, mais je portais le poids d'un péché dont il fallait me débarrasser. Selon lui, la justice des hommes n'était rien et la justice de Dieu tout. J'ai remarqué que c'était la première qui m'avait condamné. Il m'a répondu qu'elle n'avait pas, pour autant, lavé mon péché. Je lui ai dit que je ne savais pas ce qu'était un péché. On m'avait seulement appris que j'étais un coupable. J'étais coupable, je payais, on ne pouvait rien me demander de plus. A ce moment, il s'est levé à nouveau et j'ai pensé que dans cette cellule si étroite, s'il voulait remuer, il n'avait pas le choix. Il fallait s'asseoir ou se lever.

J'avais les yeux fixés au sol. Il a fait un pas vers moi et s'est arrêté, comme s'il n'osait avancer. Il regardait le ciel à travers les barreaux. «Vous vous trompez, mon fils, m'a-t-il dit, on pourrait vous demander plus. On vous le demandera peut-être. – Et quoi donc? – On pourrait vous demander de voir. – Voir quoi?»

Le prêtre a regardé tout autour de lui et il a répondu d'une voix que j'ai trouvée soudain très lasse: «Toutes ces pierres suent la douleur, je le sais. Je ne les ai jamais regardées sans angoisse. Mais, du fond du cœur, je sais que les plus misérables d'entre vous ont vu sortir de leur obscurité un visage divin. C'est ce visage qu'on vous demande de voir.»

Je me suis un peu animé. J'ai dit qu'il y avait des mois que je regardais ces murailles. Il n'y avait rien ni personne que je connusse mieux au monde. Peut-être, il y a bien longtemps, y avais-je cherché un visage. Mais ce visage avait la couleur du soleil et la flamme du désir: c'était celui de Marie. Je l'avais cherché en vain. Maintenant, c'était fini. Et dans tous les cas, je n'avais rien vu surgir de cette sueur de pierre.

le péché *(rel.)* Sünde **pour autant** pour cela **laver (le péché de qn)** *(par métaph.)* seine Sünde austilgen, ihn reinwaschen **remuer** changer de place; bouger **suer qc** exprimer, respirer **une angoisse** peur, anxiété **le visage divin** celui de Dieu, du Christ **s'animer** prendre de la vivacité; s'échauffer **la muraille** mur haut et épais (Mauer-)Werk **en vain** *(loc. adv.)* sans résultat **surgir** apparaître, sortir (brusquement)

L'aumônier m'a regardé avec une sorte de tristesse. J'étais maintenant complètement adossé à la muraille et le jour me coulait sur le front. Il a dit quelques mots que je n'ai pas entendus et m'a demandé très vite si je lui permettais de m'embrasser: «Non», ai-je répondu. Il s'est retourné et a marché vers le mur sur lequel il a passé sa main lentement: «Aimez-vous donc cette terre à ce point?» a-t-il murmuré. Je n'ai rien répondu.

Il est resté assez longtemps détourné. Sa présence me pesait et m'agaçait. J'allais lui dire de partir, de me laisser, quand il s'est écrié tout d'un coup avec une sorte d'éclat, en se retournant vers moi: «Non, je ne peux pas vous croire. Je suis sûr qu'il vous est arrivé de souhaiter une autre vie.» Je lui ai répondu que naturellement, mais cela n'avait pas plus d'importance que de souhaiter d'être riche, de nager très vite ou d'avoir une bouche mieux faite. C'était du même ordre. Mais lui m'a arrêté et il voulait savoir comment je voyais cette autre vie. Alors, je lui ai crié: «Une vie où je pourrais me souvenir de celle-ci», et aussitôt je lui ai dit que j'en avais assez. Il voulait encore me parler de Dieu, mais je me suis avancé vers lui et j'ai tenté de lui expliquer une dernière fois qu'il me restait peu de temps. Je ne voulais pas le perdre avec Dieu. Il a essayé de changer de sujet en me demandant pourquoi je l'appelais «monsieur» et non pas «mon père». Cela m'a énervé et je lui ai répondu qu'il n'était pas mon père: il était avec les autres.

«Non, mon fils, a-t-il dit en mettant la main sur mon épaule. Je suis avec vous. Mais vous ne pouvez pas le savoir parce que vous avez un cœur aveugle. Je prierai pour vous.»

Alors, je ne sais pas pourquoi, il y a quelque chose qui a crevé en moi. Je me suis mis à crier à plein gosier et je l'ai insulté et je lui ai dit de ne pas prier. Je l'avais pris par le collet de sa soutane. Je déversais sur lui tout le fond de mon cœur avec des bondissements mêlés de joie et de colère. Il avait l'air si certain, n'est-ce pas? Pourtant, aucune de ses certitudes ne valait un cheveu de femme. Il n'était même pas sûr d'être en vie puisqu'il vivait comme un mort. Moi, j'avais l'air d'avoir les mains vides. Mais j'étais sûr de moi, sûr de tout, plus sûr que lui, sûr de ma vie et de cette mort qui allait venir. Oui, je n'avais que cela. Mais du moins, je tenais cette vérité autant qu'elle me tenait. J'avais eu raison, j'avais encore raison,

à ce point tellement **agacer qn** l'énerver, l'embêter **j'allais lui dire …** l'imparfait exprime ici un futur proche, mais l'action reste non réalisée **du même ordre** de la même valeur, importance **crever** éclater sous l'effet de la pression (comme un pneu qui est trop gonflé) **crier à plein gosier** aus Leibeskräften schreien (**le gosier** gorge) **le collet** col; partie du vêtement qui entoure le cou (Kragen) **la soutane** Soutane, Priesterrock **le bondissement** *(litt.)* bon, saut (Ausbruch)

j'avais toujours raison. J'avais vécu de telle façon et j'aurais pu vivre de telle autre. J'avais fait ceci et je n'avais pas fait cela. Je n'avais pas fait telle chose alors que j'avais fait cette autre. Et après? C'était comme si j'avais attendu pendant tout le temps cette minute et cette petite aube où je serais justifié. Rien, rien n'avait d'importance et je savais bien pourquoi. Lui aussi savait pourquoi. Du fond de mon avenir, pendant toute cette vie absurde que j'avais menée, un souffle obscur remontait vers moi à travers des années qui n'étaient pas encore venues et ce souffle égalisait sur son passage tout ce qu'on me proposait alors dans les années pas plus réelles que je vivais. Que m'importaient la mort des autres, l'amour d'une mère, que m'importaient son Dieu, les vies qu'on choisit, les destins qu'on élit, puisqu'un seul destin devait m'élire moi-même et avec moi des milliards de privilégiés qui, comme lui, se disaient mes frères. Comprenait-il donc? Tout le monde était privilégié. Il n'y avait que des privilégiés. Les autres aussi, on les condamnerait un jour. Lui aussi, on le condamnerait. Qu'importait si, accusé de meurtre, il était exécuté pour n'avoir pas pleuré à l'enterrement de sa mère? Le chien de Salamano valait autant que sa femme. La petite femme automatique était aussi coupable que la Parisienne que Masson avait épousée ou que Marie qui avait envie que je l'épouse. Qu'importait que Raymond fût mon copain autant que Céleste qui valait mieux que lui? Qu'importait que Marie donnât aujourd'hui sa bouche à un nouveau Meursault? Comprenait-il donc, ce condamné, et que du fond de mon avenir … J'étouffais en criant tout ceci. Mais, déjà, on m'arrachait l'aumônier des mains et les gardiens me menaçaient. Lui, cependant, les a calmés et m'a regardé un moment en silence. Il avait les yeux pleins de larmes. Il s'est détourné et il a disparu.

Lui parti, j'ai retrouvé le calme. J'étais épuisé et je me suis jeté sur ma couchette. Je crois que j'ai dormi parce que je me suis réveillé avec des étoiles sur le visage. Des bruits de campagne montaient jusqu'à moi. Des odeurs de nuit, de terre et de sel rafraîchissaient mes tempes. La merveilleuse paix de cet été endormi entrait en moi comme une marée. A ce moment, et à la limite de la nuit, des sirènes ont hurlé. Elles annonçaient des départs pour un monde qui maintenant m'était à jamais indifférent. Pour la première fois depuis bien longtemps, j'ai pensé à maman. Il m'a semblé que je comprenais pourquoi à la fin d'une vie elle avait pris un «fiancé», pourquoi elle avait joué à recommencer. Là-bas, là-bas aussi,

(cette vie) absurde Cet emploi du mot ‹absurde›, le seul de tout le roman, renvoie inévitablement le lecteur au *Mythe de Sisyphe,* le Traité de l'Absurde, publié la même année (1942) **le destin** sort, fortune (Schicksal, Zukunft) **élire** choisir **(lui) parti …** le participe passé, employé en construction absolue avec un sujet propre, sert ici à former une proposition temporelle qui exige comme sujet le pronom personnel tonique (lui) **la marée** *(fig.)* flot, vague

autour de cet asile où des vies s'éteignaient, le soir était comme une trêve mélancolique. Si près de la mort, maman devait s'y sentir libérée et prête à tout revivre. Personne, personne n'avait le droit de pleurer sur elle. Et moi aussi, je me suis senti prêt à tout revivre. Comme si cette grande colère m'avait purgé du mal, vidé d'espoir, devant cette nuit chargée de signes et d'étoiles, je m'ouvrais pour la première fois à la tendre indifférence du monde. De l'éprouver si pareil à moi, si fraternel enfin, j'ai senti que j'avais été heureux, et que je l'étais encore. Pour que tout soit consommé, pour que je me sente moins seul, il me restait à souhaiter qu'il y ait beaucoup de spectateurs le jour de mon exécution et qu'ils m'accueillent avec des cris de haine.

purger qn de qc le purifier, *(litt.)* le débarrasser d'une chose mauvaise **la tendre indifférence du monde** paradoxisme (figure de rhétorique qui consiste à unir deux idées qui paraissent inconciliables) **de l'éprouver …** *(litt.)* L'infinitif prépositionnel s'emploie ici comme équivalent d'une proposition circonstancielle **consommer** *(litt.)* achever, accomplir (la figure du Christ est évoquée dans la scène finale du roman; on trouve même un écho du «consummatum est» (Es ist vollbracht) de Saint-Jean (Evangile XIX,30)

APPENDICE (I)

Textes complémentaires d'Albert Camus

PREFACE A L'EDITION UNIVERSITAIRE AMERICAINE DE *L'ETRANGER*

J'ai résumé *L'Etranger*, il y a longtemps, par une phrase dont je reconnais qu'elle est très paradoxale: «Dans notre société tout homme qui ne pleure pas à l'enterrement de sa mère risque d'être condamné à mort.» Je voulais dire seulement que le héros du livre est condamné parce qu'il ne joue pas le jeu. En ce sens, il est étranger à la société où il vit, il erre, en marge, dans les faubourgs de la vie privée, solitaire, sensuelle. Et c'est pourquoi des lecteurs ont été tentés de le considérer comme une épave. On aura cependant une idée plus exacte du personnage, plus conforme en tout cas aux intentions de son auteur, si l'on se demande en quoi Meursault ne joue pas le jeu. La réponse est simple: il refuse de mentir. Mentir ce n'est pas seulement dire ce qui n'est pas. C'est aussi, c'est surtout dire plus que ce qui est et, en ce qui concerne le cœur humain, dire plus qu'on ne sent. C'est ce que nous faisons tous, tous les jours, pour simplifier la vie. Meursault, contrairement aux apparences, ne veut pas simplifier la vie. Il dit ce qu'il est, il refuse de masquer ses sentiments et aussitôt la société se sent menacée. On lui demande par exemple de dire qu'il regrette son crime, selon la formule consacrée. Il répond qu'il éprouve à cet égard plus d'ennui que de regret. Et cette nuance le condamne.

Meursault pour moi n'est donc pas une épave, mais un homme pauvre et nu, amoureux du soleil qui ne laisse pas d'ombres. Loin qu'il soit privé de toute sensibilité, une passion profonde, parce que tenace, l'anime, la passion de l'absolu et de la vérité. Il s'agit d'une vérité encore négative, la vérité d'être et de sentir, mais sans laquelle nulle conquête sur soi et sur le monde, ne sera jamais possible.

On ne se tromperait donc pas beaucoup en lisant dans *L'Etranger* l'histoire d'un homme qui, sans aucune attitude héroïque, accepte de mourir pour la vérité. Il m'est arrivé de dire aussi, et toujours paradoxalement, que j'avais essayé de figurer dans mon personnage le seul christ que nous méritions. On comprendra, après mes explications, que je l'aie dit sans aucune intention de blasphème et seulement avec l'affection un peu ironique qu'un artiste a le droit d'éprouver à l'égard des personnages de sa création.

8 janvier 1955 A. C.

une épave Wrack **consacré,ée** qui est de règle; rituel (üblich)

EXTRAITS DES CARNETS*

Mai (1935)
Ce que je veux dire:
Qu'on peut avoir – sans romantisme – la nostalgie d'une pauvreté perdue. Une certaine somme d'années vécues misérablement suffisent à construire une sensibilité. Dans ce cas particulier, le sentiment bizarre que le fils porte à sa mère constitue *toute sa sensibilité.* Les manifestations de cette sensibilité dans les domaines les plus divers s'expliquent suffisamment par le souvenir latent, matériel de son enfance (une glu qui s'accroche à l'âme). (p. 15)

Avril (1937)
Récit – l'homme qui ne veut pas se justifier. L'idée qu'on se fait de lui lui est préférée. Il meurt, seul à garder conscience de sa vérité – vanité de cette consolation. (p. 46)

Juillet (1937)
«Aucun rapport.» Vrai roman. (p. 53)

Août (1937)
Un homme qui a cherché la vie là où on la met ordinairement (mariage, situation, etc.) et qui s'aperçoit d'un coup, en lisant un catalogue de mode, combien il a été étranger à sa vie (la vie telle qu'elle est considérée dans les catalogues de mode). (p. 61)

(1940)
Roman.
Cette histoire commencée sur une plage brûlante et bleue, dans les corps bruns de deux êtres jeunes – bains, jeux d'eaux et de soleil – soirs d'été sur les routes des plages avec l'odeur de fruit et de fumée au creux de l'ombre – le corps et sa détente dans des vêtements légers. L'attirance, l'ivresse secrète et tendre dans un cœur à dix-sept ans.

– Terminée à Paris avec le froid ou le ciel gris, les pigeons parmi les pierres noires du Palais-Royal, la cité et ses lumières, les baisers rapides, la tendresse énervante et inquiète, le désir et la sagesse qui monte dans un cœur d'homme de vingt-quatre ans – le «restons des camarades». (p. 195)

la glu *(par ext.)* Leim **au creux de** au fond de, au cœur de

* *Référence bibliographique:*
Albert Camus: *Carnets mai 1935 – février 1942.* 1962; *Carnets janvier 1942 – mars 1951.* 1964. Paris: Gallimard.

Mars (1940)
Que signifie ce réveil soudain – dans cette chambre obscure – avec les bruits d'une ville tout d'un coup étrangère? Et tout m'est étranger, tout, sans un être à moi, sans un lieu où refermer cette plaie. Que fais-je ici, à quoi riment ces gestes, ces sourires? Je ne suis pas d'ici – pas d'ailleurs non plus. Et le monde n'est plus qu'un paysage inconnu où mon cœur ne trouve plus d'appuis. Etranger, qui peut savoir ce que ce mot veut dire.

Etranger, avouer que tout m'est étranger. Maintenant que tout est net, attendre et ne rien épargner. Travailler du moins de manière à parfaire à la fois le silence et la création. Tout le reste, tout le reste, quoi qu'il advienne, est indifférent. (p. 201 s.)

(Mars 1940)
Trouville. Un plateau plein d'asphodèles devant la mer. De petites villas à barrières vertes ou blanches, à véranda, quelques-unes enfouies sous les tamaris, quelques autres nues au milieu des pierres. La mer gronde un peu, en bas. Mais le soleil, le vent léger, la blancheur des asphodèles, le bleu déjà dur du ciel, tout laisse imaginer l'été, sa jeunesse dorée, ses filles et ses garçons bruns, les passions naissantes, les longues heures au soleil et la douceur subite de ses soirs. Quel autre sens trouver à nos jours que celui-ci et la leçon de ce plateau: une naissance et une mort, entre les deux la beauté et la mélancholie. (p. 202)

Mai (1940)
L'Etranger est terminé. (p. 215)

A. J. T. sur *L'Etranger* (1942)
C'est un livre très concerté et le ton ... est voulu. Il s'élève quatre ou cinq fois, il est vrai, mais c'est pour éviter la monotonie et pour qu'il y ait une composition. Avec l'aumônier, mon Etranger ne se justifie pas. Il se met en colère, c'est très différent. C'est moi alors qui explique, direz-vous? Oui, et j'ai beaucoup réfléchi à cela. Je m'y suis résolu parce que je voulais que mon personnage soit porté au seul grand problème par la voie du quotidien et du naturel. Il fallait marquer ce grand moment. Remarquez d'autre part qu'il n'y a pas rupture dans mon personnage. Dans ce chapitre comme dans tout le reste du livre, il se borne à *répondre aux questions.* Auparavant, c'étaient les questions que le monde nous pose tous les jours – à ce moment, ce sont les questions de l'aumônier. Ainsi, je définis mon personnage négativement.

parfaire qc l'achever (*v.* parfait) **quoi qu'il advienne** quoi qu'il arrive

Dans tout cela naturellement, il s'agit des moyens artistiques et pas de la fin. Le sens du livre tient exactement dans le parallélisme des deux parties. Conclusion: La société a besoin de gens qui pleurent à l'enterrement de leur mère; ou bien on n'est jamais condamné pour le crime qu'on croit. D'ailleurs je vois encore dix autres conclusions possibles. (p. 29 s.)

Critiques sur *L'Etranger.* La «Moraline» sévit. Imbéciles qui crovez que la négation est un abandon quand elle est un choix. (L'écrivain de *La Peste* montre le côté héroïque de la négation.) Il n'y a pas d'autre vie possible pour un homme privé de Dieu – et tous les hommes le sont. (...) (p. 30 s.)

Sans lendemain (1942)
Qu'est-ce que je médite de plus grand que moi et que j'éprouve sans pouvoir le définir? Une sorte de marche difficile vers une sainteté de la négation – un héroïsme sans Dieu – l'homme pur enfin. Toutes les vertus humaines y compris la solitude à l'égard de Dieu.

Qu'est-ce qui fait la supériorité *d'exemple* (la seule) du christianisme? Le Christ et ses saints, – la recherche d'un *style de vie.* Cette œuvre comptera autant de formes que d'étapes sur le chemin d'une perfection sans récompense. *L'Etranger* est le point zéro. id. *le Mythe. La Peste* est un progrès, non du zéro vers l'infini, mais vers une complexité plus profonde qui reste à définir. Le dernier point sera le saint, mais il aura sa valeur arithmétique – mesurable comme l'homme. (p. 31)

*

Trois personnages sont entrés dans la composition de *L'Etranger:* deux hommes (dont moi) et une femme. (p. 34)

23 octobre (1942)
La Peste a un sens social *et* un sens métaphysique. C'est exactement le même. Cette ambiguïté est aussi celle de *L'Etranger.* (p. 50)

la métaphysique philosophie: réflexion systématique sur l'ensemble du monde et de la vie

EXTRAITS DE LA CORRESPONDANCE AVEC JEAN GRENIER*

(Alger) 2 février (1939)

J'ai bien du retard avec vous. Il y a des jours que je pense à ce que je veux vous écrire et je ne m'y décide pas.

J'ai reçu votre appel pour les intellectuels catalans. Je ne sais si vous l'avez vu; mais je l'ai fait passer immédiatement dans *Alger-Républicain*, avec un petit commentaire[1]. J'ai aussi demandé à quelques amis autour de moi d'envoyer leurs cotisations et je sais qu'ils le feront. Mais que cela est peu pour la malheureuse Catalogne. Vous m'avez écrit sur *Noces* beaucoup de choses vraies. Et je vous remercie de l'aide clairvoyante que vous m'apportez toujours. *Noces* va cependant paraître. Je suis sensible maintenant à ce qu'il y a d'emphatique dans ces essais. Ils sont du moins les derniers du genre. Je n'écrirai plus dans ce sens. Surtout je n'essaierai plus de conclure. Je me suis permis de vous dédier l'essai sur Florence[2], parce qu'il parle de choses que vous aimez. Cela vous ennuie-t-il?

J'ai beaucoup de projets. Je travaille à mon essai sur l'Absurde[3]. J'ai renoncé à en faire une thèse. Ce sera un travail personnel. Je ne sais pas ce qu'il vaut. Mais quand je serai sorti des documents, je vous en parlerai et vous demanderai conseil. A cet essai s'ajoutent un certain nombre d'études qui dans mon esprit font comme autant d'illustrations. J'en ai à peu près terminé une sur Kafka que je vous enverrai peut-être.

A cela je lie un nouveau roman que j'ai commencé[4]. Je compte finir aussi cette année la pièce que j'ai commencée depuis longtemps sur Caligula[5]. Tout cela est beaucoup, mais mon journal me laisse du temps et je n'ai pas d'autre ambition que celle d'écrire.

Oui, je passe devant chez Padovani[6] tous les jours. Pourtant je ne sais quelle paresse du cœur m'empêche de m'y arrêter depuis des mois. Je lis

Jean Grenier l'ancien professeur de philosophie (au Grand Lycée de Garçons d'Alger) et l'ami qui a guidé les premiers pas de Camus en littérature et en philosophie. Leur correspondance comprend deux cent trente-cinq lettres. La dette de Camus envers Grenier est énorme **la cotisation** (freiwillige) Beitragszahlung **la thèse** ouvrage présenté pour l'obtention du doctorat

* *Référence bibliographique:*
Albert Camus – Jean Grenier: *Correspondance* 1932–1960. Avertissement et notes par Marguerite Dobrenn. Paris: Gallimard 1981: 35-36; 38-40; 53-54.

1 Cet appel a paru dans *Alger-Républicain* du 22 janvier 1939.
2 Il s'agit du dernier essai de *Noces, Le Désert.*
3 Essai qui deviendra *Le Mythe de Sisyphe.*
4 Ce sera *L'Etranger.*
5 *Caligula* a été commencé dès 1937.
6 Il s'agit des Bains Padovani, à Bab-el-Oued, avec leur restaurant, salle construite en bois et reposant sur pilotis au bord de la mer.

vos «cercles carrés[7]» avec le regret que ce que vous dites soit vrai. Je comprends de moins en moins la politique, intérieure ou extérieure. J'ai le sentiment que tout cela finira dans la ruine sans que nous puissions lever nos bras. Les hommes de mon âge n'ont pas la partie belle.

Votre fidèle ami

CAMUS.

(Paris) Samedi (printemps 1940)

J'ai été content d'avoir de vos nouvelles, quoique déçu de ne pas vous savoir à Paris. J'espère vivement que vous vous rétablirez complètement et que je pourrai vous retrouver ici.

Bien des choses se sont passées depuis septembre et je ne sais plus très bien où je vous ai quitté. Pour moi, naturellement, la vie a été aussi dure que pour tout le monde et je ne pouvais pas accepter cette guerre sans beaucoup de déchirement. Mais ces phrases ne veulent plus dire grand-chose et voici le résumé de ces quelques mois. Je me suis engagé le 3 septembre, non parce que j'«adhérais», mais parce que je ne voulais pas que ma maladie me servît de paravent dans cette histoire et aussi parce que je me sentais solidaire de tous les malheureux qui partaient sans trop savoir pourquoi. La commission de réforme qui m'a examiné m'a cependant jugé inapte et m'a maintenu exempté. Depuis, une autre commission qui m'a appelé avec les réformés de ma classe m'a encore exempté. Dans le même temps *Alger-Républicain* s'est transformé en journal du soir *Le Soir-Républicain* et le hasard a fait que je sois un des rares rédacteurs non mobilisés. On m'en a confié la rédaction en chef et j'en ai eu toute la responsabilité. J'en ai donc fait un journal à l'image de ce que je croyais vrai. C'est-à-dire que j'y ai défendu la liberté de pensée contre la censure et la guerre sans haine (à l'occasion la paix par négociation) contre les excitations.

Je suppose que je suis allé assez loin dans ce sens puisque le journal a été interdit en janvier après une lutte de tous les jours. Je suis allé à Oran enseigner un peu et en mars, mon ami Pia[8] m'a trouvé à *Paris-Soir* un

se rétablir se remettre; retrouver la santé **s'engager** *(mil.)* sich freiwillig melden **adhérer à qc** *(mil.)* se déclarer d'accord avec, partisan de **le paravent** *(fig.)* Vorwand **la réforme** *(mil.)* Ausmusterung **juger qn inapte** *(mil.)* jm ausmustern **exempté,ée** *(mil.)* (vom Militärdienst) befreit; ausgemustert

[7] Titre donné par Jean Grenier à de courts articles, sur des sujets divers, publiés par la *Nouvelle Revue Française.*

[8] Depuis leur collaboration à *Alger-Républicain.* Pascal Pia a apporté à Camus, dans divers moments critiques ou importants de son existence, une aide inappréciable.

poste de secrétaire de rédaction. J'y fais les mises en page et je n'écris pas une ligne. C'est ce que je pouvais souhaiter de mieux. Pour le moment je suis ici. Cette ville est triste et la vie y est dure quand elle n'est pas factice. Mais, du moins, elle sert ceux qui veulent travailler et c'est ce que je fais.

Il m'est difficile de vous dire ce que je pense. Mais du moins j'ai décidé de maintenir au milieu de cette montée de folie tout ce que je croyais vrai. En premier lieu, travailler. Il me semble qu'assez de valeurs qui ne dépendaient pas de nous sont en train de mourir pour que nous ne délaissions pas du moins celles dont nous sommes responsables. Je ne me fais pas d'illusion sur la fécondité de cette attitude. Mais du moins elle est dans ma nature et je m'y tiens.

Il y a longtemps que je voulais entamer une certaine œuvre, allongée sur beaucoup d'années et figurée sous plusieurs formes. J'attendais pour cela d'être sûr de moi et de mes moyens. Aujourd'hui ce n'est peut-être pas cela, mais cela en approche, à tort ou à raison. Je travaille donc beaucoup et j'ai déjà beaucoup avancé (une pièce terminée, un roman aux trois quarts écrit et un essai à moitié – les trois sur le même thème[9]). Je ne vois pas plus loin et qui d'ailleurs pourrait être sûr de l'avenir? On va encore m'appeler et peut-être serai-je pris. Cela m'est indifférent, profondément. Parce que ce qui m'atteint dans cette histoire, ce ne sont pas les chances de mort, mais le spectacle de la haine – et j'en suis atteint aussi dans le civil.

Voilà donc tout ce que je pouvais vous dire de moi. Je m'étonne après si longtemps de pouvoir encore vous parler avec cette confiance. Mais je vous ai toujours été fidèle et c'est une joie pour moi de vous retrouver. Voulez-vous, si vous le pouvez, m'écrire pour me parler de vous. C'est cela qui m'importe pour le moment.

J'irai peut-être voir Jean Wahl[10]. Mais cela m'ennuie toujours de courir la chance d'importuner quelqu'un. Si vous croyez que ce n'est pas le cas, je le ferai avec plaisir. J'ai vu ici Malraux et aussi quelques hommes de valeur – mais j'ai aussi rencontré beaucoup de faux esprits. Vous ai-je dit que Montherlant m'avait écrit pour *Noces* et que j'y avais trouvé un grand encouragement?

factice faux, fabriqué **entamer qc** commencer à faire qc **importuner qn** *(litt.)* l'ennuyer, le déranger

[9] *Caligula, L'Etranger, Le Mythe de Sisyphe.*

[10] (1888–1974), professeur, philosophe, écrivain, auteur de poèmes, fut un des principaux historiens des philosophies de l'existence.

J'attends votre lettre et peut-être aussi votre venue. Et je souhaite vraiment que vous retrouviez toute votre santé. A bientôt, voulez-vous, et croyez-moi votre fidèle ami

A. CAMUS.

(Oran) 5 mai (1941)
Je vous remercie beaucoup pour votre lettre. Je suis content que vous avez trouvé de bonnes choses dans *L'Etranger,* je crois comprendre cependant que dans l'ensemble vous n'aimez pas tout à fait ce que je vous ai envoyé. Cela me rend un peu incertain. Mais je n'hésiterai pas à continuer tout ce que j'ai entrepris. Il y a longtemps que j'attendais de pouvoir écrire ce que vous avez lu et ce que j'ai encore à faire. Il y a 2 ou 3 ans il m'a semblé que je pouvais commencer. Même si cela est mauvais ou moins bon que je l'attendais, je sais cependant que c'est maintenant à moi et j'accepte d'être jugé là-dessus. C'est un peu pour cela que je voudrais répondre à une seule au moins de vos observations: l'influence de Kafka. Je me suis posé cette question avant d'écrire *L'Etranger.* Je me suis demandé si j'avais raison de prendre ce thème du procès. Il s'éloignait de Kafka dans mon esprit, mais non dans l'apparence. Cependant, il s'agissait là d'une expérience que je connaissais bien, que j'avais éprouvée avec intensité (vous savez que j'ai suivi beaucoup de procès et quelques-uns très grands, en cour d'Assises). Je ne pouvais pas y renoncer au profit d'une construction quelconque où mon expérience aurait moins de part. J'ai donc choisi de risquer le même thème. Mais pour autant qu'on puisse juger de ses propres influences, les personnages et les épisodes dc *L'Etranger* sont trop individualisés, trop «quotidiens» pour risquer de rencontrer les symboles de Kafka. Cependant, il se peut que j'en juge mal.

Pour *Caligula,* c'est évidemment, avant tout, une pièce de théâtre. J'ai beaucoup réfléchi au théâtre. Je crois qu'il demande du mouvement (mais non du désordre comme j'ai pu le faire quelquefois), et des ressorts très simples, presque «feuilleton». C'est pourquoi je donne à mon Caligula des motifs de révolte très conventionnels. C'est cela sans doute qui vous gêne[11]. Mais cela prouve seulement (si j'ose dire) que l'expression est mauvaise.

Je continuerai à travailler. Mon manuscrit sur l'Absurde[12] n'est pas encore tapé. Il ne le sera pas avant un mois. D'ici là, je voudrais bien lire votre essai sur l'Absolu. Mais que cela ne vous dérange pas. Je vous ai

le ressort *(litt.)* énergie, force

[11] dans le premier acte
[12] *Le Mythe de Sisyphe*

écrit pour les dattes et les figues. Je suis à nouveau à Oran, n'ayant rien trouvé à Alger. Dites-moi ici ce que vous désirez, je vous l'enverrai.

Je vous remercie encore pour votre lettre. Oui, vous avez toujours été sévère pour ce que je faisais. Mais je n'ai jamais souhaité qu'il en fût autrement. Vous m'avez aidé et je ne peux pas dire cela de beaucoup d'hommes. Pour ce coup-ci, votre avis m'a laissé un peu mélancolique. J'ai mis beaucoup d'espoir dans mon travail actuel. Sur quoi donc mettrais-je de l'espoir?

Très amicalement, votre fidèle

ALBERT CAMUS

APPENDICE (II)

Documents complémentaires/Prolongements

La part obscure de «l'Etranger»

Le roman de Camus a cinquante ans. Il s'est vendu à 6 millions d'exemplaires. Genèse d'un livre qui fascine chaque année 200 000 nouveaux lecteurs

A lire les *Carnets* de Camus, on se dit qu'il a dû mettre plusieurs années à composer *l'Etranger:* les premières notes qui pourraient s'y rapporter datent de 1937. Elles se multiplient, se précisent en 1938, et c'est à l'automne de cette année qu'apparaissent, textuels, les célèbres premiers mots du livre: *«Aujourd'hui, maman est morte.»* En fait, il ne s'agit là que d'esquisses isolées, dont Camus ne sait pas encore si, ni comment, il les utilisera. Il vient d'abandonner un roman complètement achevé, *la Mort heureuse.*

Pour qu'il se lance dans une nouvelle œuvre de fiction, il faudra un double déclic: formellement, la découverte de la «technique américaine» (non pas Hemingway, mais plutôt James M. Cain); psychologiquement, la crise morale provoquée par la guerre et l'exil à Paris où, grâce à Pascal Pia, il est engagé comme metteur en page à *France-Soir.*

Quand il s'embarque, le 14 mars 1940, il a très probablement dans ses bagages le manuscrit du premier chapitre. La suite sera rédigée en un mois et demi, dans une sorte d'état second, comme en témoigne la lettre qu'il écrit à sa future femme, Francine Faure, dans la nuit du 30 avril au 1er mai, immédiatement après avoir achevé son roman; l'œuvre s'est faite *«sans un effort», «sous la dictée»,* comme si elle avait été déjà *«toute tracée»* en lui.

Rien à voir, donc, avec la laborieuse gestation de *la Peste.* L'écrivain est, d'ailleurs, le premier surpris du résultat: il ne sait pas si le livre est «beau», il ne sait même pas s'il est content. D'un côté, la certitude d'avoir fait exactement ce qu'il devait faire: de l'autre, le sentiment que ce qu'il a fait lui échappe, que lui-même n'en connaît ni la valeur ni le sens.

le déclic Auslöser **le metteur en page** Metteur (d.h. Schriftsetzer, der den Satz zu Seiten umbricht) **la gestation** *(fig.)* genèse; la mise au jour d'une création de l'esprit

Les «trois Absurdes»

Le manuscrit, bouclé le 1er mai, sera révisé une première fois au cours de l'été, puis une deuxième au début de 1941, quand Camus rentre à Oran. Au total, les corrections restent mineures: la scène du meurtre est réécrite, la scène avec l'aumônier développée, et Mersault (nom du héros de *la Mort heureuse*) devient Meursault.

Parallèlement à *l'Etranger,* Camus a travaillé à un essai philosophique, *le Mythe de Sisyphe,* qui est achevé le 21 février 1941, et à une pièce, *Caligula,* dont la première version en quatre actes est également prête à cette date. Ce sont, comme il dit, ses *«trois Absurdes».* Il aimerait bien les publier simultanément. Rêve un peu fou à une époque où le papier manque et où les éditeurs ne sont pas portés à faire preuve d'une grande audace.

Le premier sollicité, Edmond Charlot, à Alger (qui a déjà publié *l'Envers et l'Endroit* et *Noces*) se dérobe. Il conseille à Camus de viser plus haut. Plus haut, c'est Paris, où Jean Grenier, l'ancien professeur et l'ami, dispose de relations qui pourront servir.

En mars 1941, Camus lui envoie *l'Etranger* et *Caligula.* Grenier trouve le roman *«très réussi»,* bien qu'il soit gêné par l'influence de Kafka. Il reste perplexe devant la pièce, un peu trop romantique à son goût, – mais que donnerait-elle à la scène? Camus, visiblement agacé, répond sur les deux points, et Grenier lui suggère de tenter sa chance auprès de Gallimard.

Entre Oran et Paris, la communication n'est pas facile: la France de 1941 est encore coupée en deux. Les manuscrits de Camus, complétés bientôt par celui du *Mythe,* transitent par la zone libre, où Pascal Pia et Malraux les prennent en charge, avant d'arriver dans le bureau de Jean Paulhan. L'avis du comité de lecture sur le roman est unanimement favorable.

Le 8 décembre 1941, Gaston Gallimard propose donc un contrat à Camus et, deux mois plus tard, Paulhan lui envoie un de ces billets saugrenus dont il s'est fait une spécialité. *L'Etranger,* écrit-il, *«me paraît très grand. Qu'il m'ait fait songer ici à Kafka et là à Eugène Sue, ce n'est que le signe d'autre chose, de tout ce qu'il réunit, de la plus étrange unité».* Sur *le Mythe de Sisyphe,* il est plus réservé, mais non moins perspicace: le roman, pour lui *«dépasse»* l'essai, car *«il fixe un point au-delà de l'absurde».*

Le 15 juin 1942, *l'Etranger* est dans les librairies. Gallimard a décidé de lancer Camus. C'est Marcel Arland, un des fidèles de la maison, qui se charge de l'opération. Le 11 juillet, il publie en pre-

boucler ici: terminer **solliciter qn** le prier de faire qc **se dérober** éviter d'agir; se refuser **transiter par** passer, voyager en transit **saugrenu,ue** inattendu, bizarre **perspicace** clairvoyant, subtil

mière page de *Comedia* un article intitulé: «Un écrivain qui vient: Albert Camus.» Le texte qui suit ce titre prometteur n'est pas génial; mais, truffé de citations, il donne une assez bonne idée du livre. Seule réserve (qui sera partagée par de nombreux commentateurs): les pages finales, où Camus, tirant la leçon de l'histoire, donne l'impression de se substituer à un héros *«trop littérairement exemplaire»*. [...]

Mais bientôt viennent les vrais articles: Fieschi dans la *N. R. F.*, Henri Hell dans *Fontaine*, un peu plus tard (après la publication du *Mythe de Sisyphe*), Jean Grenier dans les *Cahiers du Sud*. Autant de comptes rendus sensibles, réfléchis, qui mettent l'accent sur les principaux aspects du livre: sa dimension «existentielle», le rôle décisif de la mère, les attaches algéroises. [...]

Le même numéro des *Cahiers du Sud* (février 1943) contient un texte beaucoup plus long, signé de Jean-Paul Sartre et intitulé: «Explication de *l'Etranger*.» Consécration fracassante pour un écrivain connu: Sartre montre les liens qui unissent le roman et l'essai, et surtout analyse avec une remarquable perspicacité la technique inventée par Camus pour exprimer, à travers une fiction, sa philosophie de l'absurde.

Dès lors, les commentaires vont aller bon train. La bibliographie critique de *l'Etranger* surprend par son abondance et sa diversité. Rien de plus simple, en apparence, que ce bref roman, salué d'emblée comme une œuvre «classique», limpide, rigoureuse. Mais il faut croire que le sens n'en est pas si clair puisque, pendant cinquante ans, une armée de spécialistes de tous pays et de toutes disciplines – historiens de la littérature, comparatistes, narratologues, sémioticiens, psychanalystes – se relaieront auprès de l'infortuné Meursault pour disséquer son récit et scruter ses intentions secrètes.

«Le seul Christ que nous méritions»

Brian T. Fitch, qui n'est pas le moins productif d'entre eux, a pu parler à ce propos d'*«industrie camusienne»*. Camus lui-même, après avoir envisagé *«dix conclusions possibles»*, finit par donner la sienne, en 1955, dans sa préface à l'édition américaine: *«On ne se tromperait pas beaucoup en lisant dans* l'Etranger *l'histoire d'un homme qui, sans aucune attitude héroïque, accepte de mourir pour la vérité.»* Meursault est *«le seul Christ que nous méritions»*. On

truffé,ée de rempli de, bourré de **la consécration** Krönung **fracassant,e** éclatant **aller bon train** *(par ext.)* aller vite **limpide** *(fig.)* parfaitement clair **se relayer** se remplacer l'un l'autre, alternativement (sich abwechseln, sich ablösen) **disséquer qc** l'analyser minutieusement (zerlegen, auseinandernehmen) **scruter qc** l'explorer, chercher à comprendre

n'est pas obligé de suivre l'auteur sur ce point.

Tandis que les exégètes fouillaient ainsi le texte de *l'Etranger* pour y découvrir le petit détail qui explique tout, le roman de Camus suivait, dans le public, la carrière tranquille d'un best-seller dont le succès ne s'est jamais démenti: six millions d'exemplaires vendus, toutes éditions confondues, quatre millions dans la seule collection «Folio». Chaque année, deux cent mille nouveaux lecteurs achètent *l'Etranger.* [...]

En décembre 1959, interrogé par un journaliste américain qui lui demandait ce que la critique avait négligé dans son œuvre, Camus répondait: *«La part obscure, ce qu'il y a d'aveugle et d'instinctif en moi.»* Le récit de Meursault avance droit devant lui, sans savoir où il va, à la façon têtue d'un aveugle. Là est sans doute la clé de son pouvoir, dans cette *«part obscure»* qui exige qu'on l'interprète et qui résiste à toutes les interprétations.

BERNARD PINGAUD
(Le Monde. Sélection hebdomadaire. 17-7-1992:11)

Dans la collection «Foliothèque», Bernard Pingaud a publié un essai sur *L'Etranger* (Paris: Gallimard 1992) qui reprend, en l'actualisant, en la complétant et en la remaniant sur de nombreux points, une étude parue en 1971 dans la collection «Poche critique» (Paris: Hachette) aujourd'hui disparue.

un exégète commentateur

EINE „KRISE DES ERZÄHLENS“?

Albert Camus: L'Etranger

Jean-Paul Sartre hat Camus' Roman als literarisches Zeugnis des Absurden interpretiert und mit der Theorie des Absurden in Camus' Schrift *Le Mythe de Sisyphe* (1942) zusammengestellt. Er hat aber auch in der Sprache des Romans bereits eine wichtige Besonderheit bemerkt, die er allerdings zu Unrecht mit Hemingway in Zusammenhang bringt. Ich zitiere: «La phrase est nette, sans bavures, fermée sur soi; elle est séparée de la phrase suivante par un néant, comme l'instant de Descartes est séparé de l'instant qui le suit. Entre chaque phrase et la suivante le monde s'anéantit et renaît: la parole dès qu'elle s'élève, est une création ex nihilo; une phrase de *l'Etranger* c'est une île. Et nous cascadons de phrase en phrase, de néant en néant. C'est pour accentuer la solitude de chaque unité phrastique que M. Camus a choisi de faire son récit au parfait composé.»[1] Sartre sieht also auch im Passé composé ein literarisches Zeichen des Absurden. So wie Meursault als Einsamer und Fremder durch die Welt geht und die Begebenheiten seines Lebens nicht zu einer bedeutungsvollen Einheit zusammenzufügen vermag, so stehen auch die Sätze des Romans isoliert nebeneinander.

Hat Albert Camus das Passé composé als Chiffre des Absurden gewählt? Wir wissen, dass sich Camus über die Tempus-Gebung im Roman viele Gedanken gemacht hat. Mir scheint jedoch, dass seine Überlegungen zunächst anders verlaufen sind. In seinem Sprachbewusstsein führte das Passé simple, wie das allgemein im 20. Jahrhundert der Fall ist, eine rein literarische Existenz. In einem Roman nun, dessen Hauptperson *und Erzähler* ein Mann ist, der seinem Leben wie einem banalen Film zusieht, konnte er das literarische Tempus Passé simple nicht gebrauchen. Dies um so weniger, als das Passé simple in der Ich-Form noch ungebräuchlicher ist als in der Er-Form. Camus hat sich ferner wahrscheinlich Gedanken über die soziologische Zuordnung des Passé simple zum Bildungsbürgertum, des Passé composé zur anonymen Menge der Großstadt gemacht. Meursault ist einer aus der anonymen Menge, und er spricht als Erzähler des Romans die Sprache weiter, die er alltäglich spricht.

sans bavure(s) *(loc. fam.)* parfaitement exécuté (fehlerfrei, einwandfrei) **s'anéantir** disparaître, être détruit **(la création) ex nihilo** *(adj. inv.)* en partant de rien: (Schöpfung) aus dem Nichts **cascader** *(fig.)* tomber en cascades (stufenweise herabfallen) **phrastique** de la phrase

[1] J.-P. Sartre: «Explication de *L'Etranger*.» in: *Situations I.* Paris 1947: 117.

Es ist Camus nicht ganz leicht gefallen, in die niedrig angesetzte Rolle des Erzählers zu schlüpfen. Es ist schon bemerkt worden, dass ihm trotz der entschiedenen Absicht, das „literarische" Passé simple (wir haben gesehen, dass in der historischen Wirklichkeit der Sprache das Passé composé ebenso „literarisch" ist) zu vermeiden, dennoch fünfmal ein Passé simple unterläuft. Auch Konjunktive des Imparfait, die sonst im französischen Sprachbewusstsein als mindestens so literarisch und pedantisch gelten wie das Passé simple, unterlaufen ihm einige Male. Es ist offenbar nicht so einfach, beim schriftlichen Erzählen auf ein Tempus zu verzichten, das für diesen Zweck da ist.

Nicht das Passé composé ist also für einen modernen Schriftsteller das „natürliche" Tempus, wenn er eine Erzählung schreibt, sondern das Passé simple. Um das Passé composé über lange Strecken der Erzählung hinweg durchhalten zu können, hat Camus sich und das Tempus zwingen müssen. Das kann man fast Satz für Satz beobachten. Der Leser bemerkt nämlich sogleich in der Sprache des Romans eine ganz ungewöhnlich zahlreiche Ansammlung von verschiedenen Temporal-Adverbien.

[...] Die Adverbien sind gar nicht, wenn sie auch auf den ersten Blick so aussehen mögen, Adverbien der Zeitbestimmung, sondern sie sind Adverbien der Erzählfolge. Sie sind den Verben im Passé composé hinzuzurechnen und geben dem Text einen Charakter fließender Erzählung, den der Text von einem nur zum gelegentlichen Rückblick vorgesehenen Passé composé nicht erhalten kann. Wir können diese Adverbien der Erzählfolge, da sie bis zur Obstination auftreten, als zusätzliche und nocht nicht völlig grammatikalisierte Tempus-Morpheme auffassen. Das bedeutet, dass wir in einer französischen Sprache, die so wäre wie die Sprache dieses Romans, zwischen zwei Tempora Passé composé zu unterscheiden hätten: einem Passé composé als Rückschautempus der besprochenen Welt und einem Passé composé, das durch ein „Adverb" der Erzählfolge (*puis, alors* usw.) erweitert ist, als Erzähltempus. Natürlich ist weder die Sprache Camus' noch erst recht die französische Sprache selber so weit gegangen, dass sich das Passé composé tatsächlich in zwei Tempora gespalten hat. Aber die Tendenz zeichnet sich deutlich ab. Man kann sie auch in anderen Sprachen unter analogen Bedingungen verzeichnen. Davon wird sogleich noch die Rede sein.

Wir können nun die Frage wieder aufgreifen, inwieweit Sartres Deutung des Passé composé in Camus' Roman berechtigt ist. Sartre hat zweifellos den isolierenden Charakter des Passé composé richtig gesehen. Sätze im Passé composé sind tatsächlich „Inseln". Das ist, wie wir gesehen haben, Tempus-Merkmal des Passé composé auf Grund seiner Stellung im Insgesamt des Tempus-Systems. Aber Albert Camus hat diesen

Inselcharakter seiner Sätze nicht so unbedingt gewollt, wie Sartre das annimmt. Man hat sogar den Eindruck, dass der mangelnde Fluss der Sätze im Passé composé dem Autor beim Schreiben erhebliche Schwierigkeiten gemacht hat. Camus hat dagegen reagiert und den Fluss, der sich nicht von den Tempora her einstellen wollte, mit anderen Mitteln herzustellen versucht. Daher die obstinaten Adverbien der Erzählfolge. Seine Intention läuft also der Intention, die Sartre bei ihm zu entdecken geglaubt hat, geradewegs zuwider. Man muss Camus zugeben, dass seine Methode, aus einem besprechenden Tempus und den Adverbien der Erzählfolge ein neues („synthetisches") Erzähltempus zusammenzusetzen, Erfolg gehabt hat. Er hat den Roman mit dem Passé composé als Haupttempus tatsächlich schreiben können. Die Stilmittel der Erzählfolge sind aber nicht so wirksam, dass mit ihrer Hilfe aus dem Passé composé wirklich ein Passé simple geworden wäre. Das „Nichts" zwischen den Sätzen wird nur unvollkommen ausgefüllt, und dem Roman bleibt der aus dem Tempus stammende Charakter, dass er eine Geschichte erzählt, *als ob er sie bespräche.*

Nun darf man sich bei der Interpretation des *Etranger*, auch wenn man sich auf das Tempus beschränkt, nicht so weit durch das in einem Roman ungewöhnliche Passé composé blenden lassen, dass man die anderen Tempora übersähe. Es stimmt nämlich nicht ganz, dass der Roman als Ganzes im Passé composé geschrieben ist. Zwei Erzählformen gehen nebeneinander her und durchdringen sich teilweise. Schon der Anfang des Romans erzählt nicht im Passé composé als Haupttempus, sondern im Présent als Haupttempus:

> Aujourd'hui, maman *est morte.* Ou peut-être hier, je ne *sais* pas. *J'ai reçu* un télégramme de l'asile: «Mère décédée. Enterrement demain. Sentiments distingués. Cela ne *veut* rien dire. *C'était* peut-être hier.
>
> L'asile de vieillards *est* à Marengo, à quatre-vingts kilomètres d'Alger. Je *prendrai* l'autobus à deux heures et *j'arriverai* dans l'après-midi. Ainsi, je *pourrai* veiller et je *rentrerai* demain soir ...

Man darf sich hier nicht durch das Passé composé täuschen lassen. Dies sind wirklich die Tempora der besprochenen Welt. Der Erzähler hat seinen Standort in seiner Sprechsituation. Wir haben uns seine Rede als Selbstgespräch oder als ein nicht geschriebenes Tagebuch vorzustellen. (Später wird Meursault sagen: ... *et j'ai compris que pendant tout ce temps j'avais parlé seul.*) Meursault bespricht mit sich die Situation, die durch den Tod der Mutter entstanden ist. Er schaut zurück auf den Tod der Mutter und das Eintreffen des Telegrammes, und er schaut voraus auf seine Fahrt zum Altersheim und die Rückkehr von der Beerdigung. Zugleich gibt er zu erkennen, dass er unbeteiligt bleibt: *«Cela ne veut rien dire.»*

Das Passé composé ist in diesem Stil, seiner Stellung im Tempus-System entsprechend, Rückschau-Tempus der besprochenen Welt und hat neben dem Haupt-Tempus Présent und den anderen Tempora der besprochenen Welt seinen angestammten Platz im Tempus-System. Es ersetzt hier kein anderes Tempus, sondern steht nur für sich selber. Es steht insbesondere nur gelegentlich.

Bald nach den ersten Sätzen des Romans gibt Camus jedoch die skizzierte Tempus-Perspektive auf und geht unvermittelt zu den Tempora der erzählten Welt über, unter denen allerdings nun das Passé simple gegen das Passé composé ausgewechselt ist. Das ist eine ganz andere Tempus-Perspektive.

(Harald Weinrich: *Tempus. Besprochene und erzählte Welt.* Zweite, völlig neu bearb. Auflage Stuttgart u. a.: Kohlhammer 1971: 266-271)

Charles Baudelaire

L'ETRANGER

– Qui aimes-tu le mieux, homme énigmatique, dis? ton père, ta mère, ta sœur ou ton frère?
– Je n'ai ni père, ni mère, ni sœur, ni frère.
– Tes amis?
– Vous vous servez là d'une parole dont le sens m'est resté jusqu'à ce jour inconnu.
– Ta patrie?
– J'ignore sous quelle latitude elle est située.
– La beauté?
– Je l'aimerais volontiers, déesse et immortelle.
– L'or?
– Je le hais comme vous haïssez Dieu.
– Eh! qu'aimes-tu donc, extraordinaire étranger?
– J'aime les nuages … Les nuages qui passent … là-bas … les merveilleux nuages!

(*Petits Poèmes en prose,* 1862)

énigmatique mystérieux **la latitude** Breite, Breitengrad **la déesse** divinité féminine (cf. ‹dieu›) **un or** sens: argent

VIE ET ŒUVRE D'ALBERT CAMUS

(Chronologie)

1913
7 novembre: naissance d'Albert Camus à Mondovi, dans le département de Constantine (Algérie).

1914
Le père de Camus est tué à la bataille de la Marne. Sa mère vient s'installer à Alger, dans le quartier pauvre de Belcourt où habite Meursault dans *L'Etranger.*

1918
Camus entre à l'école communale de Belcourt.

1923
Entrée au lycée d'Alger en qualité d'élève-boursier.

1928
Camus fait partie de l'équipe de football junior du Racing Universitaire d'Alger.

1930
Camus passe le baccalauréat. Il souffre des premières atteintes de la tuberculose. Etudes en classe de philosophie sous la direction de Jean Grenier, qui devient un guide et un ami.

1932
Premiers écrits: articles, essais, poèmes ...

1933
Camus milite au Mouvement antifasciste Amsterdam-Pleyel

1934
Premier mariage; mais Camus divorcera de Simone Hié deux ans plus tard. Aggravation de la maladie.

1935
Licencié ès Lettres, section philosophie; poursuit ses études à la Faculté d'Alger tout en occupant, pour gagner sa vie, de modestes emplois. A la fin de l'année, Camus adhère au Parti communiste, non sans réserves.

1936
Diplôme d'études supérieures sur les «Rapports de l'hellénisme et du christianisme à travers les œuvres de Plotin et de Saint Augustin». Camus fonde le Théâtre du Travail et fait des tournées théâtrales avec la troupe de Radio-Alger.

1937
Camus quitte le Parti communiste; ne peut, pour raisons de santé, se présenter à l'agrégation de philosophie. Publication de *L'Envers et l'Endroit* (essais). Il monte le Théâtre de l'Equipe pour remplacer le Théâtre du Travail.

1938
Rédacteur-reporter au journal de Front populaire «Alger-Républicain». *La Mort heureuse,* le premier roman de Camus, est sans doute terminée. Il paraîtra longtemps après sa mort, en 1971. Mersault, le héros de *La Mort heureuse,* s'efface devant Meursault, celui de *L'Etranger.*

1939
Publication de *Noces* (essais); l'enquête *Misère de la Kabylie* (publiée plus tard dans *Actuelles III: Chroniques algériennes*) est l'action la plus retentissante de Camus à «Alger-Républicain».

1940
Difficultés politiques qui le poussent vers Paris pour trouver du travail; entre comme secrétaire de rédaction à «Paris-Soir», dont il suit la rédaction à Clermont-Ferrand, puis à Lyon (en zone sud pendant l'occupation allemande). Mariage avec Francine Faure, originaire d'Oran (Algérie).

1941
Licencié, il regagne Oran.

1942
Publication de *L'Etranger* et du *Mythe de Sisyphe* (chez Gallimard, Paris). Revenu en France pour se soigner, il est contraint d'y rester après l'occupation allemande de la zone sud. Le débarquement allié en Afrique du Nord le séparera de sa femme jusqu'à la Libération.

1943
Rencontre avec Sartre; engagement dans la Résistance; entre comme lecteur chez Gallimard et coopère au journal «Combat» clandestin. Publication des premières *Lettres à un ami allemand.*

1944
Création du *Malentendu* (pièce en 3 actes). Camus devient rédacteur en chef de «Combat» à la Libération. La troisième *Lettre à un ami allemand* paraît dans l'hebdomadaire «Libertés».

1945
Enquête en Algérie sur les massacres de musulmans à Sétif. Naissance de Jean et Catherine Camus. Première représentation de *Caligula.*

1946
Voyage aux Etats-Unis.

1947
Publication de *La Peste.* Départ du journal «Combat».

1948
Première représentation de *L'Etat de siège* (Mise en scène de Jean-Louis Barrault). Voyage en Angleterre.

1949
Voyage en Amérique du Sud. Au cours de ce périple, l'état de santé de Camus s'aggrave. Création des *Justes.*

1950
Publication *d'Actuelles I (Chroniques 1944-1948).* Activité très réduite.

1951
Publication de *L'Homme révolté.* Voyage en Algérie.

1952
Dans la revue «Les Temps modernes», polémique avec Francis Jeanson et Jean-Paul Sartre qui aboutira à la rupture.

1953
Publication *d'Actuelles II (Chroniques 1948-1953).*

1954
Publication de *L'Été* (essais). Activités politique et littéraire très réduites. Voyages en Hollande et en Italie.

1955
Voyage en Grèce. Camus revient au journalisme: Collaboration à «L'Express» avec des articles sur la guerre d'Algérie.

1956
Publication de *La chute,* dernier roman de Camus. Voyage et conférence à Alger: *Appel pour une trève en Algérie* (publié plus tard dans *Actuelles III – Chroniques algériennes (1939-1958).*

1957
Publication de *L'Exil et le Royaume* (recueil de nouvelles) et de *Réflexions sur la guillotine.* Le 17 octobre, le Prix Nobel de Littérature lui est attribué.

1958
Publication du *Discours de Suède* et *d'Actuelles III* (consacrées à l'Algérie). Voyage en Grèce. En septembre, Camus achète une maison à Lourmarin (commune du Vaucluse).

1959
Camus poursuit son activité théâtrale, notamment avec l'adaptation et la mise en scène des *Possédés* de Dostoievski. Il songe à prendre la direction du Théâtre Récamier et même à créer sa propre compagnie.

1960
4 janvier: Camus meurt dans un accident de voiture, au Petit-Villeblevin, près de Montereau (Seine-et-Marne). Il est enterré à Lourmarin.

1962
Parution des *Carnets I (Mai 1935-Février 1942)*

1964
Parutions des *Carnets II (Janvier 1942-Mars 1951).*

1971
Parution de *La Mort heureuse*, le premier roman de Camus, conçu et écrit entre 1936 et 1938.

1978
Parution des *Journaux de voyage* (2 vol.)

1989
Parution des *Carnets III (Mars 1951-Décembre 1959).*

1994
Edition posthume d'un roman resté inachevé: *Le premier Homme*.